NOUVEL ESSAI

SUR

LA TRADITION

DU CHANT GRÉGORIEN;

PAR

ALOYS KUNC,

MEMBRE DE L'ACADÉMIE PONTIFICALE DE SAINTE CÉCILE,
DE LA SOCIÉTÉ POUR LA RESTAURATION DU PLAIN-CHANT ET DE LA MUSIQUE
D'ÉGLISE, ETC., ETC.

TOULOUSE,
IMPRIMERIE CH. DOULADOURE;
ROUGET FRÈRES ET DELAHAUT, SUCCESSEURS,
Rue Saint-Rome, 39.

1867.

NOUVEL ESSAI

sur

LA TRADITION

DU CHANT GRÉGORIEN;

par

ALOYS KUNC,

MEMBRE DE L'ACADÉMIE PONTIFICALE DE SAINTE CÉCILE,
DE LA SOCIÉTÉ POUR LA RESTAURATION DU PLAIN-CHANT ET DE LA MUSIQUE
D'ÉGLISE, ETC., ETC.

TOULOUSE,

IMPRIMERIE CH. DOULADOURE;

ROUGET FRÈRES ET DELAHAUT, SUCCESSEURS,

rue Saint-Rome, 39.

1867.

[illegible]

[illegible]

[illegible]

[illegible]

[illegible]

INTRODUCTION.

———

On vient de publier à Toulouse un ouvrage qui a pour titre :
*Essai sur la tradition du Chant ecclésiastique depuis saint
Grégoire, suivi d'un Tonal inédit de Bernon de Reicheneau,*
un volume in-12 avec planches.

Nous ne saurions voir d'un œil indifférent l'apparition de
ce livre, auquel la *Semaine catholique* de Toulouse, du
10 mars 1867, a donné son juste tribut d'éloges. Sans avoir
la témérité d'imposer à personne nos opinions, nous croyons
néanmoins utile à la bonne cause d'en faire une exposition
consciencieuse. Ce n'est pas que nous ne reconnaissions les
difficultés de notre tâche, loin de là ; nous les avons toutes
sérieusement méditées ; mais nous nous abriterons sous ces
belles paroles de l'Imitation de Jésus-Christ : « *Non te offen-
dat auctoritas scribentis ,....... sed amor puræ veritatis te
trahat ad legendum.* » En effet, la haute position de son
auteur, supérieur de l'un des petits séminaires de Toulouse,
donne à l'*Essai sur la tradition du Chant ecclésiastique* une
portée qui n'échappera à personne. Cet ouvrage produira
certainement d'heureux résultats dans notre archidiocèse ;
aussi applaudissons-nous de tout cœur à la généreuse initiative

et aux travaux du vénérable supérieur dont l'amitié de longue date nous honore, et envers qui nous sommes jaloux de professer la plus affectueuse gratitude.

Cependant, nous sommes persuadé que de nouvelles études modifieront quelques-unes des idées émises et soutenues dans l'*Essai*, et c'est ce qui nous fait regretter vivement qu'il n'ait pas été publié dix ans plus tôt. Mais, il y a dix ans, qui s'occupait sérieusement de la science du plain-chant dans la capitale artistique du Midi ? Un seul homme, que nous sachions, au mérite duquel une tardive justice commence à être rendue, cultivait alors cette branche si intéressante de l'art musical religieux, et l'avait approfondie sous toutes ses faces, sauf peut-être en ce qui touche les versions diverses du chant ecclésiastique (1) ; mais, généralement, dans notre contrée, cette science était à peine jugée digne de l'attention de ceux qui devraient être le plus intéressés à sa restauration, et surtout à sa restauration pratique. Quoi qu'il en soit,

(1) Afin de prévenir toute fausse interprétation de nos paroles, nous sommes heureux de transcrire ici ce que nous écrivions dans le numéro de juillet 1859 du *Propagateur*, Revue catholique de Paris.

En terminant une *Étude sur l'origine, l'exécution et l'accompagnement du plain-chant*, nous disions : « Pour être juste et rendre à chacun ce qui lui » appartient, nous devons dire que la doctrine exposée dans ces lignes, » doctrine que nous professons depuis près de douze années, nous la de- » vons en grande partie aux conseils précieux d'un homme dont la science » n'a d'égale que sa modestie. Harmoniste profond, compositeur non moins » original que distingué, plainchantiste de la plus vaste érudition, M. Hommey, » professeur au Conservatoire de Toulouse, rendra de véritables services à » toutes les branches de l'art musical, lorsqu'il voudra livrer à la publicité le » fruit de ses longues et laborieuses études en France et en Italie. Son pre- » mier ouvrage didactique qui a paru chez l'un des principaux éditeurs de » Paris (*Nouveau guide pour l'enseignement de l'harmonie*, — Paris, Heugel) » lui a valu les suffrages les plus flatteurs de la part de MM. les professeurs » du Conservatoire impérial, de M. Ambroise Thomas entre autres. Ses di- » vers et nombreux travaux le placeront au rang qui lui est dû parmi les som- » mités du monde artistique et lui mériteront certainement la sympathie non » stérile de tous les vrais amis de la science musicale envisagée dans toutes » ses parties. En prévision de la réalisation prochaine de tous nos vœux à » ce sujet, que l'on nous permette de donner ici publiquement à notre excel- » lent et bien cher professeur et ami, le témoignage de la plus affectueuse » reconnaissance (p. 125). »

mieux vaut tard que jamais, dirons-nous avec le vieil adage, en exprimant notre désir sincère de voir de nouveaux travaux, ayant le même but, surgir à côté de celui qui, à Toulouse, vient d'ouvrir glorieusement la marche.

En parlant ainsi, n'est-ce pas avouer que nous ne croyons pas *« résolu aussi complétement qu'on puisse l'espérer »* le problème posé par l'ouvrage de M. le supérieur ?

En revanche, on y trouve le *Tonal de Bernon*, publié pour la première fois avec les signes neumatiques. Un des hommes les plus érudits que la science du chant liturgique compte parmi ses adeptes, et à qui l'auteur n'a pas cru convenable, à notre grand regret, d'accorder le plus léger témoignage d'estime pour ses beaux travaux d'archéologie musicale, — un savant distingué, disons-nous, écrivait en 1836 dans un ouvrage d'une incontestable valeur : « Le *Tonarius* (de Bernon de » Reichenau) serait une source précieuse pour l'archéologie » musicale, si Gerbert n'en avait pas omis la notation neu- » matique (1). »

L'omission de Martin Gerbert est aujourd'hui complétement réparée par M. le supérieur, et tous les archéologues musiciens seront heureux de l'en féliciter avec nous.

(1) *Études sur la restauration du Chant Grégorien au* XIXe *siècle*, p. 319.

CHAPITRE PREMIER.

OBSERVATIONS GÉNÉRALES.

Du choc des opinions doit jaillir la vérité, et c'est afin d'aider, dans la mesure de nos forces, au triomphe de *la vérité pratique* sous ses différents aspects, que nous voulons présenter quelques observations sur les points qui nous semblent sujets à controverse. Mais d'abord, et en faveur des personnes qui n'auraient pas encore lu l'*Essai*, nous allons transcrire la rapide mais fidèle analyse qu'en a donnée la *Semaine catholique* :

« Nous sommes heureux, dit-elle, d'annoncer les premiers la
» récente apparition à Toulouse d'un ouvrage sur lequel nous
» croyons pouvoir compter beaucoup pour la réforme du chant
» religieux parmi nous. Comme le dit très-bien l'auteur de cet
» *Essai*, nom bien modeste pour le travail dont il est le titre,
» il existe de bonnes méthodes de plain-chant, et il a été écrit,
» depuis quelques années surtout, beaucoup de livres sur ce
» sujet; mais n'était-il pas au moins utile *de réunir en corps*
» *de doctrine les principes de cette science, et, d'autre part, de*
» *les appuyer sur une base assez solide pour qu'ils ne puis-*
» *sent être sérieusement contestés ?* Tel est le problème posé
» par l'ouvrage que nous annonçons, et résolu, croyons-nous,
» aussi complétement qu'on pût l'espérer.

» L'auteur, qui commence par des chapitres consacrés à
» l'étude des *sons*, prend le soin d'avertir les lecteurs, trop
» tôt effrayés par une terminologie étrange, qu'ils peuvent
» omettre à une première fois les explications où la science
» des chiffres joue un assez grand rôle. Bientôt, cependant,

» les notions historiques arrivent, et tout le monde peut par-
» faitement apprendre à connaître les différentes notations,
» *neumatique*, *guidonienne*, *par points* et *carrée*. La tona-
» lité du plain-chant, si différente de la tonalité moderne, est
» ensuite étudiée avec soin : tandis que la seconde est limitée
» à *une seule échelle*, la première possède sept échelles diffé-
» rentes dont un génie chrétien pourra tirer de merveilleux
» effets. Après l'étude des *modes*, l'auteur s'occupe de la psal-
» modie, dont il donne les différentes lois. Il arrive enfin à la
» question du chant grégorien et du chant gallican. A son avis,
» qui nous semble être l'expression de la vérité, le chant gré-
» gorien existe, et il a été très-facile de le trouver dans les
» manuscrits. Ce chant, qui a été abrogé dans certaines con-
» trées, ne l'a jamais été par quelque article du Concile de
» Trente, lequel ne renferme rien de précis sur cette question.
» tion. Quant au chant gallican nouveau, l'auteur fait son
» histoire, en reproduisant plusieurs pages de l'abbé Poisson,
» curé de Marchangis, à l'époque où ce chant fut substitué
» au chant romain. Cette histoire n'est pas flatteuse; quoi-
» qu'elle soit écrite par un admirateur du Missel parisien.
» lequel traite assez rudement la façon dont ce Missel fut mis
» en plain-chant. Tout le monde voudra lire ces pages, où la
» vérité se fait jour malgré les préférences avouées de l'au-
» teur, et qui, reproduites à un siècle de distance, nous
» semblent sonner le glas d'un chant dont elles avaient an-
» noncé l'avènement. D'ailleurs, en les rééditant, l'*Essai sur*
» *le chant ecclésiastique* garde si bien la timidité et la modé-
» ration de son titre que nul ne songera à se plaindre, les
» morts moins que les autres se montrant susceptibles, quand
» on les ensevelit surtout avec tant de délicatesse, au sein des
» parfums et des fleurs. L'auteur traite ensuite de l'accompa-
» gnement du plain-chant, qui doit être conforme à la tona-
» lité de ce chant, comme il est rationnel qu'un chant écrit
» dans la tonalité moderne soit accompagné suivant les lois
» de cette même tonalité. Enfin, vers les dernières pages du
» livre, nous trouvons un *tonal* inédit, de Bernon de Reiche-

» neau, fixant les noms et la signification de plusieurs signes
» neumatiques, etc. (1).

Il est bon de signaler encore « *à l'attention de tous ceux*
» *qui, à un titre ou à un autre*, doivent tenir *aux saines*
» *traditions du chant religieux*, » le chapitre préliminaire
sur la « *nécessité pour les ecclésiastiques de connaître le chant;* »
chapitre que nous regardons comme l'un des plus impor-
tants dans ses conséquences pratiques. Nous ne croyons pas
avoir été des derniers à rappeler déjà, depuis assez longtemps, la nécessité plus que jamais évidente d'organiser,
spécialement dans les séminaires, un enseignement régulier
qui donnerait aux jeunes lévites une instruction *solide* dans
la science et la pratique du plain-chant. C'est le seul moyen,
aujourd'hui, de sauver l'œuvre musicale de saint Grégoire.
Ce n'est donc pas sur cette question que nous serions en
désaccord avec M. le supérieur, pas plus que sur bien d'autres très-convenablement traitées dans son ouvrage.

Avant de toucher à la thèse principale des divergences qui
existent entre ses opinions et les nôtres, nous signalerons
plusieurs points intéressants qui nous paraissent laisser à dési-
rer dans son livre, sous le rapport des conclusions pratiques.

Dans la question du *rhythme*, par exemple, l'auteur de
l'*Essai* aurait pu conclure lui-même, sans beaucoup s'aven-
turer, «qu'il ne suffit pas de se faire une juste idée du rhythme
» naturel au plain-chant, mais qu'il faut encore posséder une
» version *quelle qu'elle soit* de ce chant, dans laquelle cette
» idée juste soit réalisée avec soin et mise à la portée de
» toutes les intelligences (2). »

Pour tout ce qui regarde la *sémiographie*, les diverses *notations* et la *solmisation*, nous nous bornerons à l'observation
suivante :

« La collection de Gerbert, dit M. l'abbé Gontier, est un
» arsenal commun où chacun prend des armes pour com-

(1) Semaine catholique de Toulouse, 1867 ; n° 2, p. 16.

(2) *Du Rhythme qui convient au Plain-Chant*, Congrès de Paris, 1860.

— 9 —

» battre ses adversaires ; l'obscurité souvent impénétrable du
» texte favorise singulièrement l'esprit de système, et l'on y
» trouve généralement ce qu'on veut y trouver (1). »

L'ouvrage que nous avons sous les yeux donne une fois de
plus raison aux judicieuses paroles de M. le chanoine du
Mans, car, dans le chapitre XVII du *Micrologue de Guido
d'Arezzo*, M. le supérieur découvre une *méthode mécanique
pour composer un chant avec des paroles données* (pp. 107
et suiv.), là où M. Fétis n'a vu qu'une *méthode de récapitula-
tion des sons et une espèce de neume* (2), tandis que M. Théodore Nisard trouve, dans les mêmes textes, l'origine de *l'art de
vocaliser* ou de *voyelliser* (3). N'est-ce pas le cas d'appliquer
le mot : *In dubiis libertas ?* Mais, avec l'interprétation de
l'*Essai,* que deviennent les *lois de la mélodie* (p. 202)?

Dans le chapitre qu'il a consacré à la *tonalité* (p. 116),
l'auteur ne nous semble pas très-exact, quand il dit que la
tonalité moderne ne possède qu'*une seule échelle,* alors que les
modes majeur et mineur y sont différents l'un de l'autre, et par
la même raison que les divers modes de la tonalité du plain-
chant.

L'étude des *quatorze modes* et des *six clefs* dont ils nécessi-
tent l'emploi, ne sera regardée par personne comme un heureux retour à un usage des anciens qui, même d'après les au-
torités les plus graves, n'a jamais été universellement reçu.
D'ailleurs, la pratique de l'Église en a fixé le nombre à huit :
nous en trouvons la preuve IRRÉFRAGABLE dans les formules
de la psalmodie que les partisans des modes affinaux sont
obligés d'emprunter aux premiers. L'emploi de ces modes,

(1) *Méthode raisonnée de Plain-Chant,* p. 90.
(2) *Biographie des Musiciens,* 1re édit., t. V, p. 159.
(3) *Dictionnaire de Plain-Chant* de M. d'Ortigue, pp. 1537-1539. Le titre
du chapitre XVII du *Micrologue* de Guido d'Arezzo est intitulé : *Quod ad cantum redigitur omne quod dicitur.* Or, tout ce qui se dit ne s'énonce d'une manière sonore que grâce aux voyelles; donc, tout ce qui se chante, peut se
voyelliser aussi; c'est-à-dire, que l'on peut, au besoin, chanter chaque
syllabe, en la réduisant à la voyelle qui en forme la sonorité. (Cf. Migne,
Patrologiæ cursus, t. CXLI, p. 399.)

portant la nomenclature à *douze* ou à *quatorze*, ne sera jamais qu'une source d'incertitudes et de difficultés, double inconvénient. Or, l'Église, si universelle, si populaire et si intelligente dans tout ce qu'elle fait, n'a aucun intérêt à rendre difficile le chant qu'elle destine aux masses pour la célébration des divins offices. « Il est certain, dit M. Fétis, que dès le » VIIIe siècle, l'usage des huit tons était établi, car dans un » fragment du *Traité de Musique* d'Alcuin, aumônier de Charlemagne, on lit ce passage : « *Octo tonos in musica consistere musicus scire debet.* » Et plus loin : « *Nam quatuor* » *corum* (tonorum) *authentici vocantur... Plagii autem conjuncte dicuntur omnes quatuor* (1). » Citons encore ces paroles du docte musicographe : « L'usage établi depuis le moyen » âge par la plupart des auteurs de traités de plain-chant, » par les livres de chant et par la pratique, a réduit le » nombre des tons à huit, et cet usage a toujours prévalu » contre les réformes qui ont été essayées à ce sujet (2). » Il prévaudra encore, N'EN DOUTONS PAS.

Enfin, page 160 de l'*Essai*, nous lisons que la *quinte diminuée* dans la phrase mélodique *est contre les règles*. Il faudra donc, comme l'a spirituellement observé M. Th. Nisard, modifier l'intonation du septième mode et un très-grand nombre de phrases, même dans l'édition qui prétend donner le chant des manuscrits les plus anciens, et pour laquelle, malgré lui, M. le supérieur témoigne ses préférences, pp. 174, 222 et suivantes de son ouvrage.

Nous ne nous arrêterons pas aux chapitres sur la *Psalmodie* dont nous avons exposé aussi les principes dans notre *Manuel du Chant religieux*, qui est sous presse.

(1) *Méthode élémentaire de Plain-Chant*, p. 14.
(2) *Ibid.*, p. 17.

CHAPITRE II.

DU CHANT GRÉGORIEN ET DE SES FORMES DIVERSES.

Au chapitre XX commence la question capitale, celle qui traite du *Chant Grégorien* et de ses formes diverses. Ici, se déclarent complétement nos divergences d'opinion avec l'*Essai sur la tradition du Chant ecclésiastique*, et nous devrons suivre pas à pas M. le supérieur dans son argumentation. Cependant nous ne donnerons pas à cette question le développement qu'elle comporte ; on pourra en lire prochainement l'exposition complète dans nos *Études sur le Chant liturgique de l'Église d'Occident.*

La part qui revient à saint Grégoire dans la composition du Chant liturgique qui porte son nom, est aujourd'hui hors de toute contestation; mais qu'on veuille bien considérer que si, d'une part, il y avait, dès les premiers temps du Christianisme, des chants réglés par l'autorité et en usage dans toutes les églises; d'autre part, on permettait aux fidèles d'improviser, dans les saintes assemblées, des mélodies religieuses, ou d'y exécuter celles qu'ils avaient composées d'avance, pourvu que ces chants pussent tourner à la gloire de Dieu : « *In primi-* » *tiva Ecclesia diversi diversa quisque pro suo velle cantabant,* » *dummodo quod cantabant, ad Dei laudem pertineret. Quæ-* » *dam tamen Officia observabantur ab omnibus ab initio con-* » *stituta* (1). » Et cette tolérance s'est continuée après saint

(1) G. Durandus, *De Officiis*, lib. 5, cap. 2.

Grégoire. Nous lisons en effet dans les œuvres du saint Pontife, qu'en beaucoup de cas l'*Alleluia* et *ses versets* étaient laissés au choix du maître-chantre, *magister scholæ* (1). Dans plusieurs offices on trouve la rubrique : « *Alleluia quale* » *volueris* (2) », et dans beaucoup de Messes *pro Sanctis*, les *Alleluia* manquent complétement. Quoi qu'il en soit, il est hors de doute que saint Grégoire a *centonisé* le premier *Antiphonaire* ou recueil des Chants liturgiques.

Il n'est pas moins vrai que sous le rapport des mélodies, aussi bien que sous celui des paroles, l'œuvre liturgique de saint Grégoire était bien restreinte, si on la compare à ce qu'est aujourd'hui la liturgie romaine (3).

Il suffit, en effet, de consulter l'histoire ecclésiastique et de parcourir le calendrier liturgique, pour savoir qu'un très-grand nombre de fêtes et d'offices, les uns communs à toute l'Église, les autres particuliers à quelques contrées, à quelques diocèses, etc., etc., n'ont été introduits dans la liturgie de Rome que postérieurement à ce grand Pontife et de siècle en siècle ; il en a été de même pour de nombreuses parties d'offices, plus ou moins importantes.

Ainsi, d'après le père Lebrun, l'usage de chanter le *Symbole* ne fut adopté à Rome qu'au commencement du xie siècle (4).

Dès le vi^e siècle, le pape Sixte Ier ordonnait que le peuple chantât le *Sanctus* de concert avec le prêtre ; mais on l'exécutait sur le chant même de la Préface, dont il n'est qu'une suite naturelle. Les diverses mélodies chargées de notes

(1) *Œuvres de saint Grégoire*, édit. Migne, t. IV, coll. 906, 907.

(2) *Ibid.*, coll. 649, 679, etc. Cf. *Sancti Gregorii Papæ opera*, édit. des Bénédictins, 1705, coll. 686, 687, 688, 698, 702, etc.

(3) *Études sur l'Antiphonaire de Montpellier*, par Théodore Nisard. (*Revue du Monde catholique*, 15 février 1848, et *Revue de Musique*, même mois et même année.)

(4) L'abbé Pascal, *Dict. de liturgie*, col. 1177, etc.

ne furent appliquées aux paroles du *Sanctus* que vers le XIIe siècle.

L'*Agnus Dei* fut introduit dans la liturgie romaine vers la fin du VIIe siècle seulement par le pape Sergius, et encore n'est-ce que plus tard qu'il a été prescrit de le chanter trois fois.

Les *Antiennes à la Sainte Vierge* n'ont été admises dans l'usage romain que vers le XIVe siècle, etc., etc.

« Outre les offices et parties d'offices ajoutés ainsi de siècle » en siècle à l'œuvre instaurée par saint Grégoire, combien » d'offices, parmi ceux que le saint Pontife avait organisés, » ont été remaniés, délaissés, remplacés, augmentés! *Chacun* » *des pontifes qui ont succédé à saint Grégoire sur la chaire* » *apostolique, n'a-t-il pas, pour ainsi dire, apporté une nouvelle* » *pierre à l'édifice liturgique?* Il suffit de comparer le Sacra- » mentaire grégorien avec les livres liturgiques postérieure- » ment usités, de siècle en siècle, pour apprécier l'importance » des additions et des remaniements. »

« Les additions et remaniements opérés quant aux paroles » de la liturgie, *entraînent nécessairement des additions et des* » *remaniements dans les mélodies.* Une chose ressort donc évi- » demment de ce que nous venons de dire : c'est qu'une foule » de mélodies qui constituent maintenant le corps des chants » liturgiques *ne faisaient point partie* de l'Antiphonaire de » saint Grégoire, et qu'elles ont été composées *postérieurement* » à l'époque à laquelle vivait ce saint et grand pontife (1). De tout ceci la conclusion à tirer : « C'est que, comme nous » l'avons dit, le recueil des mélodies liturgiques, tel qu'il est » sorti des mains de saint Grégoire, était bien restreint com- » parativement à ce qu'il est maintenant. Et s'il nous fallait » préciser, nous ne craindrions pas d'exagérer en affirmant » que l'Antiphonaire du saint Pontife contenait à peine les

(1) L'abbé Cloet, *De la restauration du Chant liturgique*, pp. 119-120.

» deux tiers des chants actuellement (1852) usités dans les
» églises du rit romain (1). »

Mais le *Chant Grégorien existe-t-il aujourd'hui, et où se
trouve-t-il?*

A cette question, M. le Supérieur répond par des accents
de conviction et de foi dont nous nous plaisons à reconnaître
l'ardeur et la sincérité. Pourquoi la vérité nous oblige-t-elle
à lui répéter les remarquables paroles que M. Halévy adres-
sait à M. d'Ortigue : « *Comment les prêtres catholiques, qui*
» *ont dans le Chant Grégorien la plus belle mélodie qui existe*
» *sur la terre, admettent-ils dans leurs églises les pauvretés de*
» *notre musique moderne (2)?* » Certes, ce n'était pas à
Paris, et en plein xixe siècle, que l'illustre compositeur
avait pu apprécier cet antique et vénérable chant dans toute
sa primitive beauté?

Oui, le *Chant Grégorien est partout*, ajouterons-nous avec
l'auteur de l'*Essai*, s'il entend le Chant Grégorien *conservé
dans son essence, mais modifié dans ses détails*. Nous ne crai-
gnons pas de soutenir, avec beaucoup d'autres, que le *Chant
Grégorien n'est nulle part*, s'il entend le *Grégorien pur*, con-
sidéré non pas seulement *dans ses bases essentielles*, mais même
dans ses moindres détails. Dans cette distinction essentielle se
trouve le nœud de la question.

Mais l'*Essai* ajoute que le Chant Grégorien *existe* et qu'*il a
été très-facile de le trouver dans les manuscrits*. Croit-on que
ce soit là l'expression de la vérité?

On va en juger.

M. Fétis, le premier, a commencé en 1806, et continué
avec un vrai courage de bénédictin, la préparation d'une
édition de livres de chant romain d'après un nombre con-
sidérable de manuscrits de toutes les époques et de tous
les pays.

(1) L'abbé Cloet, *De la restauration du Chant liturgique*, p. 125.
(2) Le journal *La Maîtrise* du 15 novembre 1850, col. 103.

M. l'abbé Tesson a également dirigé l'édition de Reims et Cambrai d'après de nombreux manuscrits.

Le R. P. Lambillote a aussi consulté une infinité de manuscrits de tous les âges, de tous les pays, et a fait son édition de livres de chant.

M. l'abbé Raillard a publié un certain nombre d'offices complets, traduits d'après des principes particuliers et fort sujets à caution (1) sur d'anciens manuscrits, et les a donnés comme modèles du système de restauration qu'il propose.

Enfin, M. l'abbé Cloet nous donne un long catalogue de manuscrits, d'après lesquels il conclut à une nouvelle édition dont il offre les matériaux tout préparés.

De l'ensemble de ces travaux, — pour ne parler que de ceux-là, — tous faits sur des *manuscrits dont l'identité, presque parfaite jusque dans ses plus petits détails* (Essai, p. 260), a pu être constatée, qu'est-il résulté ?

CINQ ÉDITIONS *entièrement dissemblables les unes des autres.* C'est là *un fait* assez éloquent par lui-même, et *contre lequel nous défions qui que ce soit de s'inscrire en faux.*

Ce n'est pas encore assez? Qu'on veuille lire ces paroles d'un homme dont le témoignage ne peut être suspect en pareille matière : « Entrez en n'importe quel dépôt d'anciens » recueils de chants, et sur le premier texte musical que rencontreront vos regards, vous pourrez remarquer *ces varia-* » *tions,* soit dans les mélodies elles-mêmes, *soit surtout dans* » *les détails.* Pour douter du fait, il faudrait n'avoir » jamais comparé deux manuscrits. Vous pouvez même, si » vous avez une bibliothèque musicale un peu complète, vous

---

(1) Entre autres choses nécessaires « pour arriver à une restauration com-
» plète et certaine du Chant Grégorien, » M. l'abbé Raillard cherche à démon-
trer : « 1° Que, *primitivement, on employait fréquemment, et la relation de*
» *triton et le quart de ton;* 2° que, dans le Chant ecclésiastique, *les durées re-*
» *latives des notes sont, en général, aussi nettement déterminées que dans la*
» *musique moderne.* (Chant Grégorien restauré, p. 5) »

» éclairer dûment à cet égard sans quitter votre cabinet.
» A défaut de manuscrits, prenez les documents imprimés qui
» reproduisent *intégralement* le chant traditionnel (*dans le*
» *sens de l'Essai*), le Graduel des Chartreux, celui des Domini-
» cains, celui de Reims et Cambrai, les *Chants restaurés* de
» M. l'abbé Raillard, le *fac-similé* de l'Antiphonaire de Saint-
» Gall : et *notre affirmation deviendra tout de suite pour vous*
» ÉVIDENTE COMME LE JOUR : les documents anciens ne
» sont pas rigoureusement uniformes, et les *Alleluia* en parti-
» culier y présentent *des différences assez nombreuses et*
» ASSEZ NOTABLES (1). »

Est-ce clair ?. . . . .

Au surplus, et pour mettre nos lecteurs à même de juger de l'*identité parfaite* des manuscrits, nous donnons deux mêmes pièces de Chant *Grégorien pur*, prises dans les manuscrits regardés comme ayant la plus grande valeur : l'Antiphonaire de Saint-Gall et celui de Montpellier ; en regard de la traduction de l'Antiphonaire de Montpellier, prise dans l'édition Rémo-Cambraisienne, dont ce manuscrit a été *le point de départ* (2), nous donnons la traduction musicale de l'Antiphonaire de Saint-Gall, empruntée à l'ouvrage de M. l'abbé Raillard : *Chant Grégorien restauré* (Paris, Périsse, 1861). A la seule inspection de ces derniers morceaux, on ne sera nullement surpris que le Congrès de Musique religieuse tenu à Paris en 1860, tout en admirant les savantes recherches de l'abbé Raillard, ait regardé comme *absolument impossible* une restauration *pratique* dans le sens de cet auteur, et qu'il n'ait pas osé faire sortir ses travaux de la section archéologique.

(1) M. l'abbé Cloet, *Recueil de mélodies liturgiques*, etc., t. II, pp. 10 et 11.
(2) *Mémoire de la Commission*, p. 17.

ANTIPHONAIRE DE SAINT-GALL
traduit en notation musicale par M. l'abbé **Raillard**
(Chant grégorien restauré, P. 79 et 29)

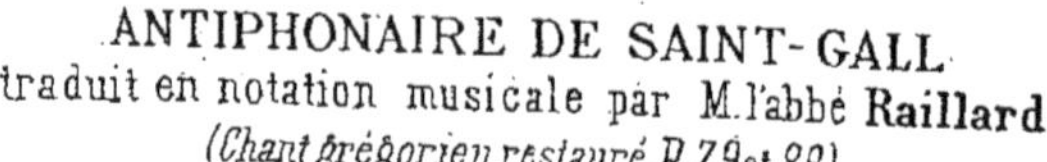

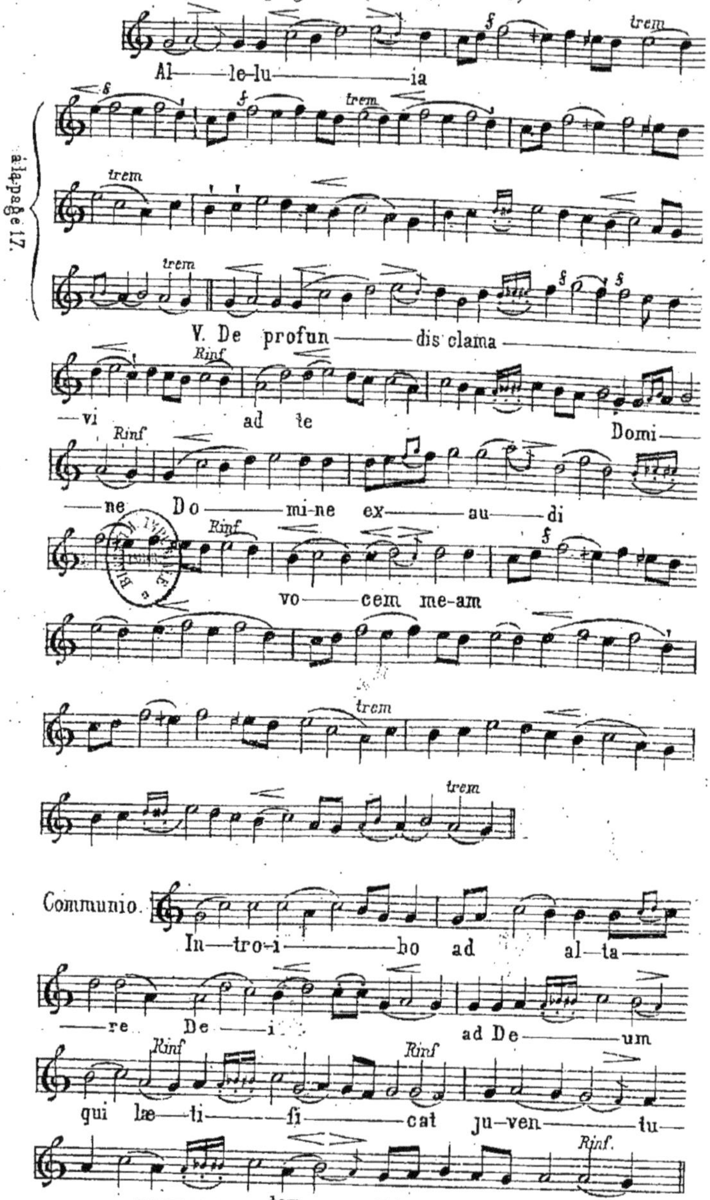

Le signe + placé devant une note indique que cette note doit être élevée d'un ***quart de ton**.*

Lith. P. Rivière Toulouse

Manuscrit de Montpellier, traduit par l'édition de Reims
(Graduale Romanum, 1853, p. 322).

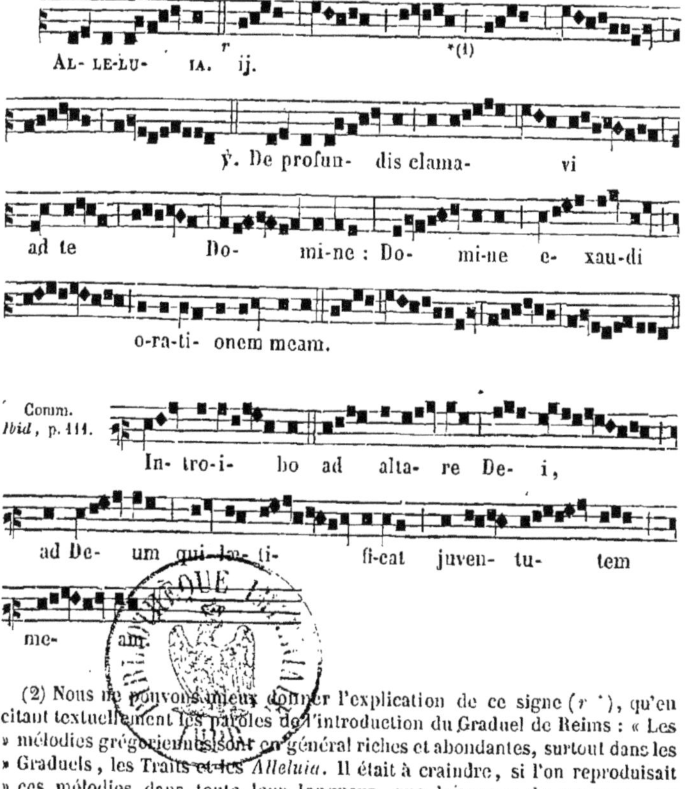

(2) Nous ne pouvons mieux donner l'explication de ce signe (ꝛ ʼ), qu'en citant textuellement les paroles de l'introduction du Graduel de Reims : « Les » mélodies grégoriennes sont en général riches et abondantes, surtout dans les » Graduels, les Traits et les *Alleluia*. Il était à craindre, si l'on reproduisait » ces mélodies dans toute leur longueur, que beaucoup de personnes ne » trouvassent, bien à tort sans doute, cette longueur excessive. D'un autre » côté, les abréger en les mutilant, c'était les perdre, c'était retomber dans » les errements du passé, c'était faire du vandalisme et de l'arbitraire, et par » là mettre un obstacle de plus à la restauration du chant ecclésiastique. Les » éditeurs ont évité ce double écueil. Cette longueur des *neumes* étant due, » le plus souvent, à la répétition de certains membres de phrase ou de phra- » ses entières de chant, ils ont *quelquefois* supprimé ces répétitions, en les » indiquant *ordinairement* par ce signe ꝛ *, qui permettra de les exécuter » dans toute leur étendue, *si on le désire* (pag. xiii et xiv). »

Pour faire apprécier comme elle le mérite la magnifique explication des neumes empruntée à saint Augustin et à quelques autres saints personnages (p. 264), l'*Essai* aurait dû nous apprendre quelle était leur exécution au moyen âge : il aurait pu ajouter qu'une fois la version authentique de saint Grégoire retrouvée, il faudrait nécessairement que, pour ces pièces chargées de neumes, le chant fût exécuté comme autrefois, non par le chœur, mais par un seul homme, par le préchantre ou le sous-chantre des temps primitifs ; c'étaient ordinairement des virtuoses que ces ornements et ces fioritures de tout genre ne gênaient en aucune manière, mais qui, libres dans leurs mouvements, se permettaient souvent les évolutions les plus capricieuses et les plus rapides, n'obéissant parfois qu'à l'inspiration du moment. Il faudra, enfin, comme le dit très-spirituellement le savant académicien M. Ludovic Vitet, « faire remonter le préchantre dans son ambon, le
» sous-chantre dans le sien, leur rendre leurs fonctions et
» leur suprématie, puis les initier par une sorte de révélation
» aux mystères de l'ancien rhythme, et à tous ces secrets de
» broderie et d'accentuation depuis si longtemps oubliés (1). »

Certainement on peut admirer, au point de vue *archéologique*, des passages mélodiques, comme ceux-ci :

(1) *Journal des Savants*, 1851, p. 340.
(2) Graduale Romanum de Reims, 1853, p. 323.
(3) *Ibid.*, p. 141.
(4) *Ibid.*, p. 322.

et dans lesquels on ne compte pas moins de trente-deux notes sur la dernière syllabe du mot *meam* (Offertoire du 24ᵉ Dim. après la Pentecôte), de trente-six sur la dernière syllabe du mot *meus* (Graduel du Dim. de la Passion), de quarante-quatre sur la première syllabe du mot *Deo* (Graduel du 24ᵉ Dim. après la Pent.), de cinquante-cinq sur la dernière syllabe du mot *nostro* (Alleluia du 14ᵉ Dim. après la Pent.) , etc. ; mais au point de vue *pratique* (2), le seul à considérer dans ce moment, il ne faudrait pas oublier deux choses : « *Ce qu'étaient* » *nos pères au* VIIᵉ *siècle, ce que nous sommes aujourd'hui* (3) ; » mais plutôt reconnaître que si , comme nous le verrons plus loin , l'Église a supprimé ou laissé supprimer toutes ces belles tirades de notes dans tous les livres de chant romain , c'est qu'elle a eu de bonnes et solides raisons pour en agir ainsi.

A la page 268 de son ouvrage , M. le supérieur donne deux versions d'un *Alleluia* , dont l'une est copiée *dans les plus anciens manuscrits* , et l'autre , transcrite du *Graduel édité à Grenoble , en* 1730, *par Faure*. La première , dont il serait intéressant de connaître la provenance d'une manière plus exacte , a un rhythme ; la seconde n'en a aucun d'après l'auteur de l'*Essai*. A coup sûr , il serait difficile de reconnaître un rhythme quelconque dans « *le second chant* » donné « *isolé-*

(1) *Ibid.* , p. 297.

(2) « Le mouvement général du chant doit varier en raison de la solennité » des fêtes :..... Quels sont ces divers degrés de mouvement ? Si l'on pouvait » faire intervenir le métronome à l'occasion des chants essentiellement libres, » nous dirions qu'on peut assigner à la note carrée le nᵒ 80 pour les semi-» doubles, le nᵒ 69 pour les doubles-majeurs et mineurs, le nᵒ 60 pour les » doubles de première et de deuxième classe. (L'abbé Cloet, *Recueil de* » *mélodies* , etc., t. II , pag. 42) ».

(3) Ludovic Vitet , *Journal des Savants* , 1854, p. 93.

ment afin qu'on puisse mieux juger de la suite de ses notes; »
on aurait même pu, à la rigueur, en espacer un peu plus
les notes, pour mieux indiquer que ce sont bien des notes
de valeurs *très-égales*. Que M. le supérieur veuille bien nous
permettre de lui faire ici une remarque : les conclusions
tirées de la comparaison de ces deux versions auraient eu
plus de semblant de raison, s'il eût choisi son exemple
dans le *Graduel de Nivers* (1), uniquement noté en notes
carrées, sauf la losange isolée sur les syllabes brèves;
tandis que, dans l'édition de Grenoble, toute personne tant
soit peu initiée à la lecture des anciennes notations du plain-
chant, reconnaîtra sans aucune difficulté des *longues*, des
ligatures, des *climaques* ou séries de notes losanges descen-
dantes (2).

Non, la comparaison de ces deux *Alleluia* ne prouve absolument rien *quant aux abréviations des notes* : on retrouve,
en effet, des abréviations pareilles dans l'édition de Reims
qu'on a donné cependant, comme la reproduction exacte *du
chant pur* de saint Grégoire.

On peut s'en convaincre en étudiant les textes que voici :

(1) « Nous ferons observer ici que le système *du Plain-Chant* à notes égales
» était tout à fait inconnu avant le xviiie siècle. Il est contemporain des nou-
» velles liturgies gallicanes, et doit sa naissance à la même manie de réformes
» liturgiques qui avait envahi tous les esprits à cette époque. Ce fut Nivers
» qui, le premier, l'introduisit dans le chant romain, et lui donna ainsi cette
» physionomie lourde et plate qui lui enlève toute expression dans les éditions
» actuelles (1853). Et même cette malheureuse innovation ne fut pas univer-
» sellement adoptée. *Dans le Midi de la France, particulièrement dans les édi-
» tions d'Avignon, de Tarascon*, etc..., *on conserva le chant à notes inégales.*
» Le système que nous avons adopté est donc la restauration pure et simple
» de ce qui a toujours existé. Il est à la fois le seul que la tradition rende
» légitime, et le seul que le goût puisse avouer. (*Graduel de Reims*, Intro-
» duction, *note* de la p. xx.) »

(2) « Cette édition de Grenoble, dit le P. Lambillotte, est conforme à celle
» d'Anvers (1611) dédiée à l'archevêque de Malines, Mathias Hovius, aujour-
» d'hui (1848) en usage dans la Belgique et le diocèse de Cambrai; conforme
» à une édition plus ancienne de Tournai, aux éditions de Hollande, et par-
» ticulièrement à une édition d'Amsterdam de 1754, et à une ancienne édition
» de Mayence. (*Journal historique et littéraire de Liége*, tom. xv, année 1848,
» p. 562). »

(1) Dans le Graduel de Reims, ce verset est noté avec la clef de *fa* sur la seconde ligne ; nous l'avons transcrit avec la clef d'*ut* sur la troisième ligne afin de faciliter la comparaison des textes.

Par la comparaison de ces trois versions d'un même morceau de *Chant Grégorien pur*, nos lecteurs pourront s'assurer que les *mêmes* doctrines donnent dans la pratique une *identité de rhythme* aussi *parfaite* que celle de *la notation*.

Faudrait-il invoquer encore le témoignage d'un savant religieux qui ne peut être que bien accueilli de M. le supérieur, le témoignage du célèbre éditeur du *Scriptores ecclesiastici de musica sacra* lui-même?.

« Dans un Graduel imprimé à l'abbaye de Saint-Blaise en » 1774, et conséquemment sous la direction même de Martin » Gerbert, qui y a tenu la crosse abbatiale, sous le nom de » Martin II, de l'année 1764 à l'année 1793 (1), » « les élimi- » nations ont été poussées plus loin qu'il n'avait été fait jus- » qu'alors dans aucune édition (2); » le chant y est presque syllabique *et n'offre pas la moindre neume.* A l'*Alleluia* que transcrit M. l'abbé Cloet en l'accompagnant de ces paroles : « *Le reste de ce recueil ne vaut pas mieux,* » nous joignons un autre exemple qui fera bien comprendre le système de restauration pratique suivi par celui-là même à qui nous devons la conservation des Traités de Chant ecclésiastique de *trente-sept* écrivains du moyen âge (3).

<hr>

(1) M. l'abbé Cloet, *Recueil de mélodies liturgiques*, etc., t, II, p. 5.

(2) Ad. de la Fage, *Cours complet du Plain-chant*, *Appendice*, p. 752.

(3) « Ce n'est guère qu'au point de vue *historique* que ce Recueil (*Scriptores » ecclesiastici*, etc.) peut être consulté; car, bien que la plus grande partie » des écrivains que Gerbert a recueillis, traitent du plain-chant *ex professo*, » on aurait grand'peine à l'étudier dans leurs livres si on ne le connaissait » déjà (Ad. de la Fage, *ibid.*, p. 763). » La plupart de ces Traités ont été reproduits dans le *Patrologiæ Cursus* de M. l'abbé Migne. — Voir, à ce sujet,

Verset du Trait *du Dimanche des Rameaux, d'après quatre éditions différentes.*

l'article admirable d'érudition, que notre excellent ami M. Théodore Nisard a inséré dans la *Revue de Musique sacrée ancienne et moderne* (Paris, E. Répos, 15 septembre et 15 octobre 1866, pp. 71-74), sous le titre de : *La Patrologie latine publiée par l'abbé Migne, considérée au point de vue de l'archéologie musicale, de la métrique, de la liturgie et de la bibliographie de la Musique.*

(1) « Ce travail est bon, mais on ne saurait encore y voir qu'un essai qui
» peut être surpassé de beaucoup. (L'abbé Cloet, *Recueil de mélodies liturgi-*
» *ques*, t. I, p. 6.) »

(2) « Parmi les chants abrégés et retouchés, il faut, pour la valeur, accor-
» der le premier rang à celui de Digne. (L'abbé Cloet. *Mémoire sur le choix*
» *des livres de chant liturgique*, p. 25.) »
« Refonte pour refonte et abréviation pour abréviation, nous préférons la
» version de Digne. (L'abbé Cloet, *Recueil de mélodies liturg.*, t. II, p. 7.) »

En comparant les différentes leçons de ce verset, il est facile d'apprécier la marche suivie dans les éditions de chant liturgique publiées depuis le commencement du xviie siècle jusqu'à nos jours. Toute autre réflexion serait ici super- flue, car c'est à peine si le fond même du chant primitif, — conservé autant qu'il était raisonnablement possible dans nos anciennes éditions françaises, amoindri encore dans l'édition de Paul V, — c'est à peine si ce fond se reconnaît dans l'édi- tion de l'Abbaye de Saint-Blaise; cependant, « Martin Gerbert, » comme la plupart des réformateurs, était un homme très- ».versé dans les matières musicales, et il connaissait par- » ticulièrement tout ce qui concerne le chant de l'Église et » les rites sacrés; ses divers ouvrages sont là pour le » constater (3). »

Si, d'autre part, on a voulu prouver qu'un chant rhythmé est préférable à celui qui ne l'est pas, il eût tout autant valu présenter, par exemple, — et pour parler d'un chef-d'œuvre généralement connu, — deux versions de la *Prière de Moïse*,

(1) Graduale romano-monasticum pro choro monasterii S. Blasii in Nigra Silva iussu et auctoritate reverendissimi ac celcissimi S. R. I. principis domini domini Martini II, abbatis congregationis S. Blasii, etc., etc. nunc primum typis propriis excussum. Pars prima (Pars secunda). — Anno 1774.

(2) Ad. de la Fage, *Cours complet*, etc., Appendice, pp. 529-531.

(3) L'abbé Cloet, *Recueil de mélodies*, etc., t. ii, p. 6.

dont l'une serait celle de Rossini, et l'autre avec toutes les notes représentées par des noires ou des blanches. Le résultat aurait été identique. Est-ce cela que M. le supérieur a voulu..? Mais alors, il nous sera bien permis de lui demander respectueusement quels auteurs ont osé ou osent encore aujourd'hui soutenir que le plain-chant n'a pas de rhythme, qu'il doit être chanté *à notes* pesamment *égales* (p. 271)? En revanche, nous lui citerons bon nombre d'érudits qui repoussent pareillement et avec raison une exécution *à notes de valeurs proportionnelles*, une exécution dans laquelle les notes d'agrément et les complications de rhythme jouent le principal rôle (1).

Mais que les partisans « de ces interminables tirades de notes sur certaines syllabes (2) » se tranquillisent, les neumes ou vocalises ne sont pas perdues ; elles ont élu domicile ailleurs, et on les retrouvera largement dans certains chefs-d'œuvre dramatiques des plus célèbres compositeurs, où l'Église n'ira certainement pas les reprendre.

Au demeurant, nous remercierons M. le supérieur de nous avoir donné, p. 347, une bien remarquable analyse, comme nous serions heureux d'en voir sortir plus souvent de la même plume, et nous faisons des vœux sincères pour que les sages conseils du Maître soient immédiatement mis en pratique. Il affirme que l'exécution des pièces de Chant *Grégorien pur* nécessite *des chantres habiles et instruits*, et l'instruction ne sera pas de trop pour la bonne exécution de tout autre plain-chant (3). Mais ce n'est pas d'aujourd'hui qu'il fait entendre

---

(1) Cf. *Congrès de musique religieuse*, tenu à Paris en 1860, pp. 49 et 80. *Méthode de Plain-Chant* de M. l'abbé Gontier, pp. 135-138.

(2) L'abbé Tesson, *Vespéral romain noté d'après un manuscrit du XIIIe siècle* (Paris, Lecoffre, 1847) Préface, p. IX.

(3) « Si le clergé, si les hommes qui se sont consacrés à l'œuvre de la restauration grégorienne se préoccupent moins d'efforts *individuels* que d'efforts » *communs*, le mal peut être conjuré (la perte de la tonalité grégorienne). » Nous leur dirons donc à tous : Descendez dans le peuple, mêlez-vous au » peuple, faites-vous peuple. Emparez-vous de l'instinct musical du peuple ; » *attirez-le surtout dans les temples* ; redonnez-lui-en l'habitude. Il y a une » certaine fibre dans le peuple, il s'agit de la toucher ; or, cette fibre, c'est

ces paroles ! Dieu veuille que cette fois encore elles ne résonnent pas dans le désert !...

On a dit, il est vrai, que *le plain-chant ne devait pas être d'une exécution difficile*, « car il n'est point fait pour châtouiller agréablement l'oreille des grands artistes dont le goût, » change constamment avec les siècles ; il est fait pour être » noble, austère, simple, calme, religieux, et surtout AC-» CESSIBLE A LA MASSE DES CHANTRES ET DES FIDÈLES (1). » Et qu'on veuille bien le remarquer : plus l'exécution du plain-chant sera simple, moins la transformation du goût musical aura de prise sur la mélodie liturgique. Ce qui est simple est toujours ancien, toujours nouveau ; ce qui est simple passe à travers tous les âges, avec un caractère de beauté qui ne s'efface point, parce qu'il est ineffaçable de sa nature.

C'est à cause de sa destination populaire que le plain-chant est établi sur le système tonal le plus simple et le plus naturel ; et cette raison même implique qu'il doit également offrir, sous le rapport de l'exécution, la plus grande simplicité possible : autrement, il serait composé d'éléments contradictoires, ce que l'on ne peut supposer. Est-il possible d'admettre, en effet, que le chant de l'Église soit facile au point de vue de la tonalité, et difficile en même temps au point de vue de l'exécution ? Il est et doit être facile en tout et constamment, de quelque manière qu'on l'envisage.

D'après ce principe, qui nous paraît être un axiome, peut-on aimer les versions de mélodies liturgiques dans lesquelles

» le clergé qui en a le secret..... Ouvrez dans tous les diocèses, dans toutes
» les cités, dans tous les villages, des écoles gratuites, où, sous la surveil-
» lance d'hommes compétents, chargés de donner l'impulsion aux études,
» tous les enfants du peuple seront appelés à apprendre le plain-chant,..... où
» les maîtres se formeront, non d'après les méthodes nouvelles, mais d'après
» les anciennes... Pourquoi, dans toutes les écoles communales, dans toutes
» les écoles des Frères, dans les grands et petits séminaires, n'y aurait-il
» pas une classe de plain-chant ? Certes, les hommes de zèle ne manque-
» raient pas à une œuvre de dévouement (D'Ortigue, *Dict. de plain-chant*,
» col. 1507). »

(1) *Du Rhythme qui convient au Plain-Chant*, déjà cité.

il y a des notes d'agrément et des complications de rhythme?
Tout cela n'est point à la portée des masses. Nous ne sommes
pas plus capables, en général, de bien exécuter ces choses,
que nos ancêtres du temps de Charlemagne, et, avec elles,
il sera toujours très-difficile d'obtenir un ensemble satisfaisant
quand on aura affaire, nous ne disons pas à des chœurs nombreux, mais même à deux ou trois voix exécutant la même
cantilène. Les petites notes d'agrément n'en sont pas toujours;
elles peuvent plaire à quelques personnes et déplaire à beaucoup d'autres. C'est une question de goût: et, nous l'avons
dit, le goût est fort variable, à tel point que ce qui semble
beau ailleurs, peut être ici quelque chose d'affreux. Or, est-il
nécessaire de jeter sur les épaules du plain-chant un vête-
ment à la mode, quand les modes passent si vite, et faut-il
sacrifier à celles-ci, lorsqu'elles sont de nature à dérouter les
chantres et les fidèles? Peu nous importe que, dans les premiers siècles du chant plane, on l'ait enjolivé de certains *fre-
dons* : Guido d'Arezzo a dit que l'on pouvait s'en passer (1);
le moine d'Angoulême nous apprend que les Francs les exécu-
taient fort mal; l'expérience a prouvé qu'ils sont d'une réalisation difficile et que toutes les voix n'en sont point capables;
la pratique les a bannis du chant liturgique depuis des siècles, et, tout compte fait, il ne paraît pas qu'il soit très-
utile de les rétablir.

Quant à demander si, il y a trois cents ans, les réviseurs
anonymes des livres de chant étaient capables d'une pareille
mission, il suffit de répondre qu'à cette époque la seule tonalité connue était la tonalité diatonique, et que le chant liturgique était beaucoup mieux, infiniment mieux connu que de
nos jours. Et du témoignage invoqué de Baini, au sujet de

______

(1) « Liquescunt in multis voces more litterarum, ita ut incœptus modus
unius *(notæ scilicet)* ad alteram liquide transeat, nec finiri videatur, hoc
modo :

G, F GA A G
Ad te le - va - vi.

Si eam plenius vis proferre non liquefaciens, *nihil nocet.* (Microl. cap. xv). »

l'immortel Palestrina, nous en appelons à Baini lui-même qui, dans le même ouvrage, regarde comme possible l'emploi, dans la fameuse édition de Paul V, du travail fait par Pierluigi sur le Graduel : « *Il manoscritto originale del Pier-* » *luigi è perduto : seppur non servi a chi tanto bene ridusse il* » *Canto Gregoriano per far la* FAMOSA *edizione del Graduale* » *impresso nella stamperia Medicea, sotto Paolo V* (1). » Or, nous verrons tout à l'heure quelle valeur le judicieux abbé donne à l'édition Médicéenne.

Avant d'aller plus loin, il serait peut-être bon de chercher à s'entendre sur la signification de ces mots : *Tradition du chant ecclésiastique depuis saint Grégoire, chant romain traditionnel.*

Ces derniers mots indiquent simplement le chant romain tel qu'il a été restauré à la suite du Concile de Trente et dont l'usage s'est maintenu en Italie, en Belgique, en Espagne, etc., et, plus particulièrement en France, on désigne ainsi le chant en usage encore de nos jours dans les quelques diocèses qui n'ont jamais abandonné la liturgie romaine, le chant de tous nos diocèses avant le changement de liturgie vers le milieu du siècle dernier ; c'est celui-là même que nous défendons, parce qu'il est « *l'écho fidèle de ce que chantaient nos* » *pères, parce que ce chant compte plus de siècles d'un règne* » *universel et légitime, que tout autre ne compte d'années d'un* » *règne partiel dans quelques diocèses* (2). »

Le système de chant qui a pour drapeau la *tradition du chant ecclésiastique depuis saint Grégoire*, veut ressusciter en plein XIXᵉ siècle *la mélodie liturgique de saint Grégoire, telle que ce grand Pontife l'a établie, avec son mode d'exécution primitive.* Cette thèse, soutenue dans le livre dont nous nous occupons, ne tend à rien moins, nous l'avons dit ailleurs, qu'à immobiliser le chant liturgique comme s'il s'agissait *d'un dogme,* à faire revivre un fait musical dont les manuscrits

(1) *Mem. storico. etc.,* t. II, p. 291.

(2) *Instruction pastorale* de Mgr l'évêque d'Aire, du 2 octobre 1860, p. 13.

nous offrent la *lettre*, mais dont on a perdu l'*esprit* depuis des
siècles. Avec ses devanciers, M. le supérieur nous semble
confondre la tradition avec la source de la tradition ; il oublie
que, comme on l'a si bien dit, « *la tradition n'est complète*
» *et vraie pour nous que si nous reconnaissons tous les affluents*
» *qui, d'âge en âge, en ont alimenté et grossi le fleuve jus-*
» *qu'à nos jours ; »* il oublie encore « qu'en liturgie, selon les
» remarquables paroles de M. l'abbé Stéphen Morelot, le re-
» tour à des usages interrompus et oubliés constitue une in-
» novation tout aussi réelle que l'introduction d'usages entiè-
» rement dénués de précédents (1). » Certainement, il n'est
pas possible de méconnaître, principalement depuis le saint
Concile de Trente, la tendance manifeste et persévérante du
Saint-Siége à l'uniformité de la prière publique ; mais oserait-on
attribuer à la Chaire Apostolique la même tendance à l'uniformité *absolue* du chant liturgique *dans tous ses détails ?* Non
certainement, car les faits sont là pour attester le contraire,
et Rome n'a jamais dit que l'uniformité rigoureuse fût aussi
nécessaire dans les accessoires que dans le principal.

Mais entrons dans le vif de la question. La thèse de M. le
supérieur peut se résumer ainsi : « L'Église a entendu et
» entend conserver le chant de saint Grégoire dans ses offi-
» ces, et, autant que possible, défendre le texte du saint
» compositeur contre les altérations que les chantres, par
» la suite des temps, pourraient lui faire subir. »

A cela nous répondons : « Les anciens manuscrits ne sont
» pas à dédaigner comme monuments et comme moyens de
» confrontation ; mais, pour la pratique, et jusqu'à ce que
» l'autorité en décide autrement par un ordre formel, nous
» aurons le droit de soutenir que les sources PRATIQUES où il
» convient de puiser aujourd'hui le chant de la liturgie ro-
» maine, ne sont pas les manuscrits antérieurs au Concile de
» Trente, mais bien les éditions de ce chant qui ont été
» faites *avec l'approbation de l'Église,* à Rome, pour Rome,

(1) Le journal *le Chœur*, ixe année, n° 5.

» — en Belgique, pour la Belgique, — en France, pour la
» France, etc.

En effet, admettons comme possible la restauration complète du *Chant Grégorien pur*, de l'antique mélopée de saint
Grégoire ; l'Église veut-elle un retour pur et simple *à ce chant
recueilli par le saint Pontife lui-même*, ou bien désire-t-elle le
maintien du *Grégorien, conservé dans son essence, mais modifié
dans ses détails ?*

On sait d'avance notre réponse ; essayons de la rendre encore plus péremptoire.

Et d'abord, nous sommes étonné de ce que M. le supérieur
n'ait pas cru devoir s'étendre un peu plus qu'il ne l'a fait sur
la révision des livres de chant déjà opérée au xii° siècle par
saint Bernard dans les livres cisterciens. Cependant, toute
ambiguïté disparaît en lisant, dans Dom Mabillon (1), la
préface ou prologue de l'Antiphonaire que le premier abbé
de Clairvaux fit corriger pour l'usage de son ordre. Il nous
semble difficile de ne pas y voir autre chose que ce que l'auteur de l'*Essai* y voit lui-même (p. 276).

D'ailleurs, comment avancer que l'Église n'a jamais parlé
d'abréviations, lorsqu'il est constant que jusqu'au Concile de
Trente, certains chants, les *Alleluia* entre autres et les *Offer-
toires* portaient plusieurs versets qui ont disparu depuis ; lorsqu'on lit, dans le v° *Ordo* romain, que l'Évêque faisait signe
de cesser le chant quand il le jugeait bon : *Episcopus annuat
magistro scholæ, quando a cantoribus* Gradale *vel* Alleluia *re-
petere debeat* (2) ; dans les iii° et ii°, que l'on peut chanter
l'*Alleluia* ou le *Trait*, ou seulement le *Répons* : *Si fuerit tem-
pus ut dicatur* Alleluia, *bene ; sin autem,* Tractus, *sin mi-
nus, tantummodo* Responsorium (3) ; et qu'en certains jours,
d'après le i^{er} *Ordo*, le chef des chantres réglait lui-même ce

(1) *Sancti Bernardi opera*, t. i, coll. 694 et suiv.
(2) *Œuvres de saint Grégoire*, édit. Migne, t. iv, col. 987.
(3) *Ibid.*, coll. 971, 979, etc.

qu'on devait chanter : *In quotidianis vero diebus si voluerint cantores, tantum prima (pars) dicitur* (1) ?

Nous ne savons trop dans quels ouvrages on peut lire, «par » exemple, que le Concile de Trente avait ordonné la réforme » du chant ecclésiastique, *qu'il en avait prescrit notamment* » *l'abréviation* (Essai , p. 277). » Il est incontestable qu'il n'y a absolument rien de tout cela dans les décrets du saint Concile.

Non , il n'y a pas d'*article spécial* sur le plain-chant ; mais ce qu'il y a et ce qu'on n'en fera pas disparaître, c'est un *décret de discipline générale* imposant des devoirs aux évêques pour ce qui regarde les divins offices, et cela nous suffit. N'est-il pas évident que , pour nous, *la tradition disciplinaire* ne peut pas remonter au delà du Concile de Trente : or , le chant n'est qu'*une institution disciplinaire*, et on ne parviendra pas à lui donner toute l'immutabilité d'un dogme de foi. D'ailleurs, pourquoi le chant dit *Grégorien* serait-il *plus immodifiable* que le texte sacré de la liturgie?

Le témoignage de Pallavicini ne peut être ici d'aucun poids, car le savant historien ne parle que de la 22ᵉ session , célébrée le 17 septembre 1562 , dans laquelle fut traitée la question de la *musique religieuse* dont l'usage fut maintenu de concert avec le chant liturgique, grâce aux créations sublimes du *Prince de la musique;* tandis qu'il ne dit absolument rien du décret concernant la discipline des divins offices, décret proclamé dans la 24ᵉ session célébrée , *plus d'une année après la* 22ᵉ, le 15 novembre 1563.

Voici la traduction du décret du saint Concile, dont il s'agit : « Quant aux autres choses qui regardent la conduite de l'office » divin , *la bonne manière de chanter et de psalmodier qu'on y* » *doit observer,* les règles qu'il faudra garder pour s'assembler » au chœur, et pendant qu'on y sera, et tout ce qui concerne » les ministres de l'Église ou autres choses semblables, le synode » provincial en prescrira une formule , selon qu'il sera plus

(1) *Ibid.* , col. 950.

» utile à chaque province, et suivant l'usage du païs. Cependant
» (*en attendant*), l'Évêque, assisté au moins de deux chanoi-
» nes, dont l'un sera choisi par lui, et l'autre par le chapitre,
» pourra donner ordre aux choses qu'il jugera à propos (1). »

Ce décret, dont on peut lire le texte latin au chap. xii de
la 24ᵉ session, ne laisse-t-il pas clairément aux synodes provinciaux et aux Évêques le soin de statuer sur la question du
chant ? Or, une telle latitude leur aurait-elle été laissée, s'il
eût été dans l'esprit de l'Église de vouloir l'unique emploi du
Chant Grégorien pur dans nos offices divins ? Évidemment non.
N'y a-t-il pas là un grand fait historique, confirmé par une
tradition de trois cents ans, auquel personne ne peut oppo-
ser une dénégation directe ?

Oui, saint Pie V le proclame : « Il convient que, dans
» l'Église de Dieu, il n'y ait qu'une seule manière de chanter :
» *Conveniens et congruum est unum esse in Ecclesia Dei psal-*
» *lendi modum* (2). »

Mais quel est ce chant prescrit d'une manière formelle et en
termes très-précis pour notre liturgie ? L'immortel Benoît XIV
nous le fait connaître dans la bulle *Annus qui*, où il déclare que
le chant liturgique n'est point celui qui est appelé musical (*qui
musicus dicitur*), mais celui qu'élabora saint Grégoire (*quem
elaboravit sanctus Gregorius*, etc.). Mais n'est-il pas évident
qu'en 1749, année où Benoît XIV s'exprimait ainsi, le *Chant
Grégorien, tel que l'élabora saint Grégoire*, n'était connu, chanté
et apprécié *nulle part*, ni à Rome ni ailleurs. Le titre de *Chant
Grégorien* n'est donné au plain-chant que pour marquer son
origine ; et lorsqu'il a été employé à propos d'unité liturgico-
musicale, ce n'a été, ce n'a pu être qu'en vue de désigner le
chant en usage dans la liturgie romaine, à telle ou telle épo-

---

(1) *Le saint Concile de Trente œcuménique et général*, traduit par M. l'abbé
Chanut, 3ᵉ édit. ;, Paris, in-12, 1686, pp. 339 et 340.
  Cf. Fleury, *Hist. eccl.*, liv. 167, ch. 26, édit. de 1768, t. 34, p. 35.
  Migne, *Histoire du Concile de Trente*, t. 1, col. 124.

(2) Bulle *Quod a nobis*, année 1568, en tête du *Bréviaire romain*.

que , et abstraction faite des modifications de détail apportées
à l'œuvre de saint Grégoire par la suite des âges. Sa Sainteté
notre glorieux pontife-roi Pie IX , dans son bref à Mgr Parisis
(24 novembre 1856), enseigne clairement cette vérité lorsqu'elle dit : « *Novimus quantopere cupias, venerabilis Frater, ut*
» *ecclesiasticus, seu,* UT VULGO DICITUR , *gregorianus cantus in*
» *Galliæ ecclesiis instauretur.* » C'est, du reste, le sens donné
aux mots *Chant Grégorien* par tous les auteurs qui en ont fait
usage depuis trois siècles au moins.

Nous ne pouvons mieux faire apprécier les intentions du
dernier concile œcuménique (chap. XII de la session 24),
qu'en citant les lignes suivantes écrites par le pieux et savant
évêque d'Aire dans sa magnifique *Instruction pastorale* du
2 octobre 1860, qui est regardée comme un *chef-d'œuvre d'histoire musicale* et dont chacun reconnaîtra l'autorité en pareille matière : « C'était en 1563 que le saint Concile formu-
» lait son décret. A cette époque, le chant romain s'exécutait
» de diverses manières dans les diverses églises ; et, toutefois,
» nous ne voyons pas les Pères du Concile réclamer une plus
» grande uniformité dans le chant que celle qui existait alors ;
» et, satisfaits de l'unité essentielle. ils laissent aux évêques
» le soin d'établir l'unité parfaite dans leurs diocèses respec-
» tifs. Après le Concile, voici saint Pie V à qui les Pères de
» Trente, avant de se séparer, ont hautement reconnu le droit
» suprême de réviser les prières liturgiques , qui accomplit
» cet acte de sollicitude avec une majesté imposante. *C'était*
» *l'occasion ou jamais d'enjoindre le retour au chant primitif,*
» *si ce retour avait été jugé nécessaire, ou si le chant avait paru*
» *essentiellement altéré.* Et dans sa bulle *Quod a nobis,* qui est
» en tête de tous les Bréviaires , *le saint Pontife ne prescrit*
» *rien, ne se plaint de rien au sujet du chant.* Il se plaint
» amèrement de la variété dans les formules de prières :
» *Hanc orandi varietatem gravissime ferens.* En imposant à
» toute l'Église son Bréviaire réformé, il rétablit l'unité dans
» la prière *sans manifester aucun regret du chant ancien,*
» *aucun désir du chant réformé,* sans exprimer même sur

» l'unité plus parfaite du chant une idée de convenance qui
» pouvait être dans sa grande âme. — Voici ensuite les Pères
» du Concile qui reviennent de Trente dans leurs diocèses. Ils
» sont encore pleins de l'esprit de Dieu qui planait sur leurs
» assemblées. Ils se hâtent de convoquer *partout* des conciles
» provinciaux pour promulguer, pour exécuter *ce que le Con-*
» *cile œcuménique avait décrété. Ils connaissent le devoir qu'ils*
» *ont de rétablir l'uniformité du chant* DANS CHAQUE PROVINCE
» ET DANS CHAQUE DIOCÈSE ; ils savent aussi que le saint Con-
» cile et les Papes *ont renvoyé ce droit de règlement à leur tri-*
» *bunal.* Ils en usent largement ; et, armés de l'épée à double
» tranchant de saint Paul, ils élaguent d'une main hardie ce
» que les prêtres et les fidèles trouvaient alors de fastidieux et
» d'interminable dans le chant romain (*Labbe*, t. XV, pp. 159
» et 887). Nous n'envisageons pas ce qu'ils ont fait au point
» de vue artistique. Ce serait un litige à n'en pas finir et nous
» devons l'éviter. *Non litigiosum* (Epist. ad Tim. III, 3). Nous
» N'EXAMINONS QUE LE DROIT, et si l'Église, dans sa sagesse,
» l'a déféré aux évêques, ne soyons pas plus sages que
» l'Église (1). »

L'évidence de ces paroles nous paraît tellement manifeste,
que nous ne redirons pas ce que nous avons dit ailleurs sur les
décisions de nos conciles provinciaux (2). Nous nous conten-
terons de signaler quelques oublis regrettables dans l'ouvrage
de M. le supérieur et relatifs à ce sujet.

Pourquoi, premièrement, ne pas avoir dit que, pour être
imprimés, nos livres liturgiques devaient d'abord être *approuvés*
par l'autorité épiscopale ? Peut-on supposer raisonnablement
que nos anciens livres de chant se soient implantés dans tous
les diocèses, *en dépit des évêques et sans leur consentement ?*
Certes, voilà un grand fait historique, aussi éclatant que la
lumière du jour ! On peut essayer d'atténuer, de circons-

<hr>

(1) *Instruction pastorale de Mgr l'évêque d'Aire et de Dax sur le Chant de
l'Église*, pp. 11 et suiv.

(2) *Le Plain-Chant liturgique*, passim.

'crire, d'annihiler même les décisions des synodes qui ont eu
lieu à la suite du Concile de Trente et qui ont décidé l'*abré-
-viation du chant liturgique*; les éditions de ce chant qui ont
paru à cette époque et depuis cette époque, sont là pour
attester d'une manière complète et officielle un fait désormais
impérissable et hors de toute contestation sérieuse. N'y eût-il
que cette preuve matérielle, l'esprit du Concile de Trente
nous serait connu en ce qui regarde la manière dont cette
sainte assemblée entendait réformer le chant *dit Grégorien*.
On aura beau tourner et retourner les textes divers de nos
conciles provinciaux, on ne parviendra donc pas à leur faire
dire autre chose que ce qu'ils disent réellement : *Abbrevietur
cantus*, etc. Qu'on ne vienne pas prétendre qu'il ne s'agit ici
que des antiennes. Et si pour justifier une interprétation différente on invoque les *textes* antécédents, n'avons-nous pas le
droit de nous appuyer sur les *faits* qui en ont été la conséquence immédiate ?

Toulouse eut aussi son concile provincial en 1590. Dans
ce concile où étaient représentés tous les diocèses de la province, on se montra beaucoup plus explicite qu'en plusieurs
autres. « Il fut réglé que pour arriver plus sûrement à l'unité,
» l'office serait récité en public et en particulier selon le rit
» de celui qui venait d'être promulgué par le Pape (1). »

Peut-être ne craindra-t-on pas d'avancer qu'ici, pas plus
qu'au Concile de Trente, il ne fut question du chant ecclésiastique ; cependant, au chapitre concernant les chanoines,
il est dit que « ceux qui doivent chanter quelque partie de
» l'office, porteront l'exactitude et l'*uniformité du chant*, jus-
» qu'à un point et un accent (2) »

Or, pensa-t-on à revenir au chant primitif de saint Grégoire?
Non, certes, et nous en avons les preuves matérielles sous les
yeux : le chant adopté dans l'archidiocèse et les diocèses du
Midi, n'est autre que celui qu'avec toute raison nous appelons

---

(1) L'abbé J.-B.-E. Pascal, *Dictionnaire de liturgie*, col. 750.

(2) L'abbé Migne, *Dict. des conciles*, t. II, col. 1022.

le *chant traditionnel*. Le doute ne peut être ici permis, car les preuves les plus irréfragables existent encore, et chacun peut facilement acquérir toute la certitude désirable à cet égard. Ce sont d'abord les divers livres de chant romain imprimés à Toulouse même ou ailleurs pour la province ecclésiastique qui se composait alors des diocèses de Toulouse, Montauban, Rieux, Mirepoix, Lavaur, Lombez, Pamiers et Saint-Papoul. Ce sont encore les mandements des évêques de la province, interprétant eux-mêmes les décrets du concile provincial présidé par le cardinal de Joyeuse, archevêque métropolitain. Ne lisons-nous pas en effet dans un décret de Mgr de Berthier, l'illustre et saint évêque de Montauban, décret donné le 10 novembre 1666 à l'occasion de l'union au spirituel du chapitre collégial et du chapitre cathédral de sa ville épiscopale, ne lisons-nous pas ces paroles remarquables : « *Nous déclarons que notre nouveau* » *Chapitre célébrera l'office divin en toutes choses selon l'usage* » *du Bréviaire, Missel, Rituel,* Chant, *Rubrique et Cérémonial* » *romain, réformé et publié par le pape Clément VIII, accepté* » *au concile provincial de Toulouse et dans notre dernière* *visite.* » Et l'ordonnance de visite du 5 novembre précédent ne dit-elle pas formellement (art. 8) : « *La célébration du service et* » *office divin se fera selon l'usage de Rome, et cérémonies romai-* » *nes portées par les Cérémoniaux publiés par le pape Clé-* » *ment VIII, et le concile provincial de Toulouse, même pour le* » Chant *et récitation de Matines* (1). » En présence de pareils témoignages, on n'est pas surpris de voir un prêtre de Toulouse aussi distingué par sa piété que par sa science, devenu vicaire général de l'un des diocèses de la province, rappeler en 1772 « cette loi précise de Mgr de Berthier » qui ordonne de suivre le Bréviaire, le Missel, Chant et » rubriques romaines, loi jusqu'alors exécutée, loi qui n'est » elle-même, comme elle le rapporte en termes exprès, que » l'exécution du décret du concile provincial de Toulouse

(1) L'abbé de La Tour, *Mémoire sur la réduction* (sic) *du Bréviaire de Montauban*, p. 4.

» auquel un suffragant ne peut déroger, et d'une autre loi su-
» périeure encore et aux suffragants et au concile provincial,
» ce sont les bulles des papes en exécution du concile œcu-
» ménique de Trente. » On n'est pas surpris de voir ce vénérable doyen du chapitre de Montauban s'écrier : « Oui ! de-
» puis le concile provincial de Toulouse, en 1590, il n'y avait
» dans la province que le bréviaire romain ; c'était la plus
» parfaite unité du culte et de psalmodie, la plus grande
» unanimité et la plus grande œconomie : les livres de chant
» étaient tout faits, le Romain se trouve partout (1). »

Mais il y a plus : il ne faut pas, en second lieu, perdre de
vue que les décrets des synodes provinciaux dont il est ici
question, ont été APPROUVÉS et CONFIRMÉS par les Souverains
Pontifes. Ainsi, par exemple, quand le concile de Reims ordonnait, en 1583 (2), « de ne pas perdre le temps à prolonger
» les syllabes ou les mots *en leur donnant trop de notes* (*Essai*,
» p. 286) ; » quand il commandait de restreindre l'emploi des
neumes ou vocalises à la fin des dernières antiennes ; quand
il prescrivait d'observer l'accentuation latine, contrairement à
ce qui s'était fait jusqu'alors dans le plain-chant proprement
dit, – il était sûr de ne point opérer des réformes désagréa-
bles au Saint-Siége, puisque, le 30 juillet 1584, le pape Grégoire XIII écrivait au cardinal de Guyse : « Dilecte fili noster...
» Mandavimus decreta Synodi provincialis archiepiscopatus
» tui, quæ ad nos misisti, per venerabiles fratres nostros
» sanctæ Ecclesiæ cardinales super dubiis in materia Concilii
» Tridentini occurrentibus deputatos diligenter cognosci,
» atque, ubi opus esset, emendari. Remittimus nunc cum
» librum emendatum. *Facies ut quæ pie prudentérque decreta*

(1) L'abbé de La Tour, *Mémoire sur le Mandement de M. l'Évêque de Montauban*, pp. 23 et 7

(2) « D'abondant (*de plus*) nous voulons qu'en faisant le service divin, le
» nombre excessif des notes soit retranché tant ès syllabes, qu'ès dictions, etc.
(*Le premier concile provincial, tenu à Rheims l'an 1583, etc., le tout corrigé et
approuvé par notre Saint-Père le Pape Grégoire XIII, et mis en François par
M. H. Merrier, doyen et chanoine théologal de Rheims, et l'un des assistants
audit concile. Rheims, anno 1586*, p. 13). »

» *atque emendata sunt, quam diligentissime serventur, etc.* (1). »

Si donc, au xvie et au xviie siècles, nos conciles provinciaux n'ont pas réglé le chant liturgique en vertu des pouvoirs que leur avait confiés le saint Concile de Trente, — qu'on veuille bien nous dire en vertu de quel droit ils ont agi ?

En attendant une réponse à cette question, nous demanderons comment M. le supérieur semble ne faire allusion ici, qu'au diocèse de Reims, lorsqu'il est question de toute la *province* ecclésiastique ? Cependant, deux conciles provinciaux dont le premier (1564) fut présidé par le cardinal de Lorraine, *l'un des orateurs* du Concile de Trente, ont une toute autre importance qu'un synode diocésain.

Nous comprendrions encore les hésitations de l'*Essai*, si l'abréviation des livres de chant eût été un fait isolé, un fait particulier à tel ou tel diocèse ; mais ici encore, pas d'ambiguité possible : c'est dans toute l'Europe catholique, qu'au même instant et dans les mêmes circonstances, se produisent des éditions de livres de chant toutes réformées d'après les mêmes principes. M. le supérieur est forcé de convenir lui-même que ces livres liturgiques, ceux qui ont été imprimés en France principalement, se ressemblent tous au fond (p. 263). Encore une fois, n'est-il pas rationnel de prétendre à notre tour que la révision des livres de chant dans lesquels on devait introduire les réformes du Missel et du Bréviaire, a été faite et n'a pu être faite que dans le sens et l'esprit du Concile de Trente. Il est donc de toute évidence qu'un plan général avait dû être proposé ; et ce plan ne peut être que l'abréviation.

(1) « Nostre Fils bien-aimé.... nous avons ordonné que les décrets du » concile provincial de vostre archevesché, que vous nous avez envoiez, fus- » sent soigneusement examinez, et ou besoin serait corrigez par nos vénéra- » bles frères les cardinaux de la sainte Église Romaine, députez sur les doutes » survenans en ce qui concerne le Concile de Trente. Nous vous renvoyons » le livre corrigé. Vous tiendrez la main que les choses lesquelles sont reli- » gieusement et prudemment ordonnées et corrigées, soient observées en » toute diligence. (*Le premier concile provincial, etr.*, déjà cité, pp. 137-138). » Cf. *Labbe*, t. XV, p. 915.

des cantilènes sacrées. Car, si l'on porte son examen sur tous·
les livres imprimés à la même époque en Italie, en Espagne,
en Belgique, en Hollande, en France, etc., on se convaincra
facilement que tous, en effet, ont une commune origine, que
tous reproduisent le chant de saint Grégoire *conservé dans son
essence, mais modifié dans ses détails*. Et qu'est-ce que le détail
de quelques notes en plus ou en moins dans ces livres, en comparaison d'un texte mélodique qui, non-seulement déroute·
toutes les idées reçues, mais encore anéantit complétement ce
que l'Église a sanctionné depuis trois siècles.

Mais ne peut-on pas se demander encore ce qui, selon
toute probabilité, fût advenu, si l'Église de France n'eût pas
abandonné la liturgie romaine au dernier siècle?

Nécessairement, il serait advenu ce que l'on voit dans les
autres contrées de l'Europe catholique, et tous nos diocèses
auraient un seul chant, non *le chant de saint Grégoire* en particulier, mais *le chant de l'Église romaine* en général, ce chant
vraiment traditionnel, pour nous, « *celui qui ravissait nos
» pères* (1), » celui enfin que M. le supérieur a entendu chanter·
de mémoire par des hommes qui *ne savaient pas lire* (p. 272).

Nous avons dit que, depuis le Concile de Trente, tous les·
évêques du monde catholique, et de la France en particulier,
ont introduit dans leurs diocèses un chant romain qui, sans
doute, dérive du grégorien, mais n'en est qu'*une abréviation*.
Ceci nous semble ne pas devoir faire l'ombre d'un doute pour·
toute personne qui « n'est pas influencée par quelque idée
» préconçue (*Essai*, p. 263). »

Nous ajoutons qu'à Rome même, Paul V, en 1608, a
ORDONNÉ un pareil travail d'abréviation du Chant Grégorien·
pour les églises des États-Pontificaux. — Il nous est facile de·
le prouver, *rebus non verbis*.

« L'argument en faveur de l'abréviation qui, suivant notre·
» avis, dit M. le supérieur, a le plus grand poids, est celui qui·
» se tire de la publication qui fut faite à Rome du Graduel et

(1) *Prospectus de l'Essai.*

» de l'ANTIPHONAIRE nouveaux , dans le courant des années
» 1614 et 1615, sous Paul V, qui avait chargé, croit-on,
» Ruggiero Giovanelli du soin de diriger cette édition (1). Pour
» nous, ajoute-t-il, *quand les Conciles se taisent, quand plu-*
» *sieurs Souverains Pontifes, parlant du chant, ne font aucune*
» *mention de prescriptions concernant sa correction*, etc., il
» nous est impossible *d'induire d'un titre de livre l'ordre de*
» *corriger*, nous allions dire de *défigurer* le Chant Grégorien ;
» car tout le monde reconnaît que l'édition en question est
» de toutes celle qui s'en éloigne le plus. On l'a comparée à
» un *squelette* des antiques mélodies de l'Église, et le mot n'a
» pas été démenti (p. 291). »

Si nous avons transcrit tout ce passage de l'*Essai*, c'est
afin que chacun puisse s'édifier et *décide* après nos réflexions
si *ce dernier argument* n'est pas *décisif* en faveur de la réforme
opérée partout à la suite du Concile de Trente.

Ce n'est pas notre faute si plusieurs erreurs se sont glissées
dans les lignes de l'*Essai* consacrées à l'édition de Paul V ;
mais ces erreurs, Baini lui-même se charge de les réfuter.

Disons d'abord que M. le supérieur serait fort embar-
rassé pour nous apprendre où et en quelle année a été imprimé
l'ANTIPHONAIRE de Paul V, car IL N'A JAMAIS EXISTÉ. Ce que
tout le monde a appelé jusqu'ici l'édition de Paul V, n'est
qu'un GRADUEL *en deux volumes ;* et l'*Antiphonaire* qui, à
Rome, est généralement regardé comme un des meilleurs, est
l'*Antiphonaire Romain*, imprimé à Venise par Liechtenstein
en 1579-1580, le premier dans lequel on ait introduit les
modifications de texte conformément au bréviaire de saint
Pie V ; c'est de cette édition de Venise que parle l'illustre
Baini quand il dit : « La valeur de ces deux volumes (*Graduel*
» et *Antiphonaire*) est incomparable, parce que le chant de
» ces livres fut tiré, sinon des meilleurs exemplaires possi-
» bles, certainement d'exemplaires bons et corrects ; et par
» cela même, là se trouve conservé l'antique chant sans chan-

(1) *Essai*, p. 289.

— 47 —

» gement, du moins sans changement notable : *Il pregio di*
» *questi due volumi è singularissimo, perche il canto de'mede-*
» *simi fu tratto da esemplari se non ottimi, certamente buoni*
» *e coretti; onde vi si conserva l'antico canto senza cangia-*
» *mento almeno notabile* (1). »

Mais revenons au Graduel de Paul V, et faisons en peu de
mots l'histoire de cette édition médicéenne d'après les documents que chacun peut vérifier dans le monument élevé à la
gloire de l'immortel Palestrina par « l'homme de notre temps
» qui, sur cette matière, savait le plus et le mieux (2). »

Saint Pie V ayant, par suite des décisions du Concile de
Trente, adopté différentes modifications dans le Bréviaire et le
Missel, il fallut bien s'occuper des changements qui devaient
en résulter dans le chant ; aussi Grégoire XIII, successeur de
saint Pie V, voulant que le travail de révision fût fait avec
tout le soin possible, le confia-t-il, en 1576, au plus célèbre
compositeur de l'époque, à Jean-Pierluigi de Palestrina. Le
grand artiste s'adjoignit Jean Guidetti, clerc bénéficié de la
basilique vaticane, qui publia successivement le *Directoire
du chœur, les Passions,* l'office de la *Semaine Sainte* et les
Préfaces. Quant à Pierluigi, il mourut le 2 février 1594, sans
avoir rien fait paraître, et l'on ne trouva d'achevé, à ce moment, que la partie du Graduel dite *de Tempore.*

Hygin, dernier fils de Pierluigi, voulant tirer le meilleur
parti possible de ce travail inachevé, fit exécuter le *Graduel*
et le Commun *de Sanctis* par un inconnu, puis vendit le
tout à un libraire de Rome comme œuvre de son illustre père.
Ce travail fut aussi mal fait que possible ; car lorsque le manuscrit passa sous les yeux des membres de la Sacrée Congrégation des Rites, chargés de l'examen des livres liturgiques,
ceux-ci s'aperçurent que *les paroles ne concordaient pas avec
le Missel de saint Pie V, et que l'on n'avait fait que transcrire
dans quelque livre plus ancien les paroles antérieurement en*

(1) *Memorie storico-critiche,* etc., t. II, p. 99.
(2) Ad. de la Fage, *De la reproduction des livres de Plain-Chant romain,*
p. 37.

usage avec le chant qui les accompagnait. Aussi déclarèrent-ils
qu* *tel qu'il était*, il ne pouvait être mis en usage dans les
églises : *Constat istum librum ita refertum erroribus et varieta-
tibus, ut sic servire non possit ad usum destinatum* (1). Le
libraire avait payé à Hygin, pour l'acquisition du manuscrit,
une somme énorme ; il prétendit avec raison que, dans l'espèce, il y avait ce qu'en jurisprudence commerciale on appelle
vice rédhibitoire. L'affaire fut portée *au tribunal de la Rote* qui,
le 2 juin 1599, condamna Hygin à la restitution de la somme
reçue, le libraire de son côté rendant le manuscrit.

Ainsi c'est bien un jugement *en matière commerciale*, par le
tribunal de la Rote, et non *en matière liturgique*, par la Sacrée
Congrégation des Rites qui a été rendu, et sur la partie du
Graduel que n'avait pas « *élaborée* » Pierluigi de Palestrina.

De nouvelles réformes furent faites dans le Missel par Clément VIII en 1602 et 1604. Son successeur, Léon XI, ne vécut
que vingt-six jours après son élévation sur la chaire de saint
Pierre ; mais Paul V ne lui eut pas plutôt succédé, qu'il s'oc-
cupa de faire passer les corrections du Missel et du Bréviaire
dans le Graduel et l'Antiphonaire, et, en conséquence, chargea
nécessairement quelqu'un du travail de révision précédem-
ment confié à Pierluigi par Grégoire XIII.

Baini déclare qu'après des recherches infinies il n'a pu
établir positivement quel fut ce nouveau correcteur ; il incline
cependant à croire que ce dut être Ruggiero Giovanelli, successeur de Pierluigi, comme maître de chapelle de Saint-
Pierre du Vatican, qui passait alors pour le compositeur le
plus habile dans la science du plain-chant (2).

D'autre part, nous avons vu plus haut ce que Baini nous
dit de l'emploi possible du travail de Pierluigi dans l'édition
terminée par Giovanelli qui, en outre, avait à sa disposition
les nombreux manuscrits de plain-chant fort dignes de faire
autorité, renfermés de nos jours encore dans les Archives du

(1) L'abbé Cloet, *de la Rest.*, etc., p. 17.
(2) *Memorie*, etc., t. II, p. 121.

Vatican. Quoi qu'il en soit, cette édition était à cette époque une innovation des plus hardies, non-seulement par l'élimination des notes poussée à l'extrême, mais encore par une certaine application des lois de l'accentuation. Le manuscrit était terminé en 1608, mais l'édition ne parut qu'en 1614 pour la partie *de Tempore*, et en 1615 pour celle *de Sanctis*.

Or, cette édition a-t-elle été « *presque généralement désap-* » *prouvée et peu suivie*, comme le dit l'*Essai*, p. 290 ? »

Écoutons encore Baini à cet égard : « Dans quelques édi- » tions, dit-il, la correction paraît avoir été faite d'après les » manuscrits, et à la bonne heure, parce qu' là on a con- » servé dans les mélodies la saveur et l'ESSENCE de l'antiquité. » Parmi toutes ces éditions, JE PRÉFÈRE CELLE DE 1614, » *éditée par ordre de Paul V*, dans l'imprimerie Médicis à » Rome, en deux volumes grand in-folio. *In alcune edizioni* » *vedesi essere stata cotale operazione eseguita a rimpetto* » *de'codici : ed è manco male, perche vi rimanenelle melodie il* » *sapore, et l'estratto delle antiche. Fra tutte le edizioni cosi* » *fatte* IO PREGIO QUELLA DEL 1614, *eseguita d'ordine di Paolo V* » *per la stamperia Medici in Roma, in due volumi in foglio* » *stragande* (1). »

Dans la note de la page suivante, le maître de chapelle du Vatican ne craint pas d'ajouter : « Il est certain que la ré- » forme du chant y fut exécutée d'une manière convenable ; » les *Antiennes* et toutes les autres pièces chargées de peu de » notes, y furent conservées intactes ; on mit tous les soins » à éliminer des *Répons, Graduels*, etc., les notes qui les sur- » chargeaient, sans nuire aux mélodies; il y a même quel- » ques changements indispensables pour la réunion de di- » verses périodes trop disparates, qui ont été faits d'une ma- » nière très-sensée; seulement, quelquefois, l'art y paraît » trop, et l'on y sent tout à coup le goût moderne. « *Certo è* » *che la riforma del canto fu eseguita d'una maniera sufficiente :* » *le Antifone con tutto il restante di poche note vi si serbò in-*

(1) *Memorie*, etc., t. II, p. 120.

» *tatto ; e le cure si posero sopra i* Responsorii, Graduali, *ec.*
» *di molte note, le quali furon tolte con il minor danno possi-*
» *bile delle melodie : anzi alcune variazioni indispensabili per*
» *la riunione di diversi periodi troppo disparati, sono assai*
» *sensate : se non che talvolta vi apparisce troppo chiara l'arte,*
» *e sentesi subito il sapor del moderno* (1). »

A ces appréciations catégoriques nous pourrions ajouter celles tout aussi explicites de plusieurs autres écrivains, de M. Adrien de la Fage principalement, qui, élève du savant abbé Baini, avait eu avec lui des relations très-intimes (2); mais la question d'approbation *esthétique* nous semble assez démontrée Arrivons donc à celle de l'approbation *ecclésias-tique,* qui est d'un tout autre poids dans cet ordre de choses, car, en matière de discipline, le droit de l'Église est souverain.

Oui ! « Nous savons avec quel respect sont conservés à
» Rome les lois et les usages établis par les Papes, et
» avec quelle maturité on procède dans les délibérations qui
» préparent et éclairent toute décision (*Essai,* p. 291) : »
et c'est pour cela même qu'il ne semble pas permis de juger une thèse aussi importante d'après les seuls dires de quelque auteur qui n'a peut-être jamais vu ce dont il parle.

« A la simple lecture du titre (3) dit l'*Essai,* on voit bien que
» Pie V (*lisez :* Paul V) a ordonné de réformer le chant : d'autre
» part, dans l'œuvre de Giovanelli, les mélodies grégoriennes
» sont bien abrégées. Mais les ordres de Paul V portaient-ils
» sur cette abréviation ? C'est ce que personne ne saurait
» affirmer, et ce dont jusqu'ici on n'a pu produire aucune
» preuve. Ce qui est certain, c'est que le chant avait besoin

(1) *Memorie,* etc., t. II, p. 121.

(2) *De la reproduction des livres de plain-chant romain,* p. 29.

(3) Voici le titre complet et exact des livres de Paul V : *Graduale de Tempore, iuxta ritum sacrosanctae Romanae Ecclesiae cum cantu Pauli V. Pont. Max. iussu reformato. Cum privilegio. Romae ex typographia medicea. Anno 1614.*

Graduale de Sanctis, etc. *Anno 1615.*

» d'être réformé pour être mis en relation avec le texte nou-
» veau du Missel romain (*Essai*, p. 290.) »

Avec la meilleure volonté, est-il possible d'être ici encore
de l'avis de M. le supérieur? Comment! voilà un livre qui
porte dans son titre ces mots : *Cum cantu Pauli V Pont. Max.
iussu reformato*, etc., et on semble douter que la réforme du
plain-chant opérée dans ce livre ait été ordonnée par le Souverain Pontife ? Mais c'est nier par cela même toute certitude
historique. Peut-on concevoir, en effet, qu'un imprimeur ait
l'audace de mettre, à Rome même, sous les yeux du Pape, le
nom du Pape et la mention de ses ordres en tête d'un livre
liturgique, sans que le Souverain Pontife, les Cardinaux, la
Chapelle pontificale et toute la Cour romaine fassent entendre
la moindre réclamation ? D'ailleurs, aux paroles de l'*Essai*,
les faits seuls se chargent de répondre, et d'une manière claire
et précise.

Nous avons déjà vu que le manuscrit de l'édition médicéenne était terminé en 1608. La même année, le 31 mai 1608,
le Pape Paul V donnait à l'éditeur de ce monument historique
et liturgique un BREF que l'on peut lire en tête de chacun des
deux volumes qui composent le Graduel.

Dans ce bref, le Souverain Pontife, après avoir dit que
tous ceux qui appliquent leurs travaux et leur fortune à
l'utilité de la République chrétienne méritent la protection et
les faveurs du Saint-Siège, rappelle ce qui avait été fait à cet
égard par Clément VIII, son prédécesseur. Ensuite, Paul V
accorde à Jean-Baptiste Raimondi de Crémone, — célèbre
typographe qui avait trouvé un nouveau moyen d'imprimer le
plain-chant en grosses notes, — un privilége de quinze ans,
à partir du 16 septembre 1608. Lui seul aura le droit d'imprimer les livres de plain-chant, grands, moyens ou petits
pour l'usage des églises, monastères, établissements ecclésiastiques et réguliers, avec des caractères de bois, de métal
ou de toute autre matière, etc. Mais le détail le plus remarquable de ce privilége, et qui est ici du plus haut intérêt, le
voici : « Le droit de Raimondi est maintenu, même pour le

» cas où, dans l'intervalle des quinze années, *le chant vien-*
» *drait à être réformé : Etiam si contingeret apostolica auctori-*
» *tate dictos libros et* CANTUM FIRMUM *quovis tempore* REFORMARI. »
 Et ce privilège, Paul V l'accorde à Raimondi « de son propre
» mouvement de science certaine, après mûre délibération
» et EN VERTU DE LA PLÉNITUDE DU POUVOIR APOSTOLIQUE :
» *Motu proprio, et ex certa scientia, ac matura deliberatione,*
» DEQUE APOSTOLICÆ POTESTATIS PLENITUDINE. »

 Oh ! avouons-le ! cet argument est grave, il est décisif
contre la thèse que soutient M. le supérieur ; mais nous enten-
dons ce docte écrivain nous dire : « Si les ordres du Souverain
» Pontife » ont « porté sur le chant lui-même, » pourquoi
« tant de prélats dévoués au Saint-Siége ne se » sont-ils « pas
» empressés de se conformer à ces ordres, en imposant à leur
» diocèse cette édition (p. 290)? »

 A cela il n'y a qu'une réponse possible, raisonnable : c'est
le saint Concile de Trente qui nous la donne : « *Pro cujusque*
» *provinciæ utilitate et moribus,... Episcopus... poterit provi-*
» *dere.* »

 S'il n'en était pas ainsi, et que l'Église eût voulu la conservation intégrale du chant de saint Grégoire, est-ce que notre
bien-aimé Père Pie IX, dont on commente tant certaines paroles, n'a pas à sa suprême disposition un moyen bien simple
de vider le différend qui agite la liturgie, en supprimant
l'édition de Paul V, au lieu de donner à des éditeurs bien
connus *une privative* (privilége) de cinquante ans pour la
réimpression des éditions de Rome et de Venise, confrontées
avec les plus anciens manuscrits du Vatican ? Cette réimpression ne s'est pas faite, nous dira-t-on, mais il n'en est pas
moins vrai que la privative a été accordée par le Souverain
Pontife. Rome encourage et bénit tous les travaux qui ont pour
objet la restauration du chant ecclésiastique ; quant à publier
de nouveaux livres de chant *obligatoires pour l'Église univer-*
selle, elle n'y songe même pas d'après les paroles expresses
de la Sacrée Congrégation des Rites. S. E. Mgr le cardinal-
archevêque de Cologne, ayant consulté sur ce point le Saint-

Siége , « *Propositum nostrum S. Sedi apostolicæ submisimus ,*
» *simul exquirentes an ipsa S. Sedes intendat , universali*
» *Ecclesiæ providere de novis libris choralibus , ab omnibus ec-*
» *clesiis de præcepto recipiendis , »* la Sacrée Congrégation des
Rites a répondu qu'on n'avait aucunement pensé à publier
un nouveau Graduel , ni un nouvel Antiphonaire : « *Ad quæ*
» *Sacrorum Rituum Congregatio die* 10ma *junii anni* 1856 ,
» *nobis respondit, se de novo Graduali Antiphonarioque edendo*
» *nullimodi cogitasse* (1). »

Faut il demander encore le pourquoi de cette réponse de
la Sacrée Congrégation des Rites? Tous nos lecteurs l'ont redit
avec le saint Concile de Trente : « *Pro cujusque provinciæ uti-*
» *litate et moribus ... Episcopus... poterit providere. »*

Enfin , si nous ne sommes pas dans le vrai , qu'on veuille
bien nous dire pourquoi Rome ne s'occupe jamais du chant ,
lorsqu'elle envoie aux évêques de la catholicité le texte offi-
ciel des nouveaux offices introduits dans la liturgie romaine?

La réponse à cette grave question ne saurait être douteuse;
aussi a-t-il paru plus prudent à certains écrivains d'en éviter
la discussion :

L'Église a confié la rédaction du texte liturgique à la suprême autorité de Celui qui est le centre de toutes les églises
du monde; mais toujours conséquente à elle-même , et ne
voyant dans le chant sacré que ce qu'il y a réellement, elle a
laissé *aux conciles provinciaux,* et à leur défaut, *aux évêques,*
le soin de régler ce qui concerne cette partie du culte public
pro cujusque provinciæ utilitate et moribus. Or, depuis le Concile de Trente qui a été *convoqué,* *présidé* et *confirmé* par le
Saint-Siége, « Rome a toujours laissé à cet égard *toute latitude*
» aux conciles provinciaux et aux évêques (2). » « Il n'est
» pas étonnant que le Concile de Trente ayant agi *par l'Église*

_____

(1) Mandement de Mgr le Cardinal-archevêque de Cologne du 1er août 1863,
imprimé en tête de l'*Antiphonarium romanum* à l'usage de l'archidiocèse de
Cologne (Ratisbonne, F. Pustet, 1863), p. 2.

(2) L'abbé Cloet, *De la restauration du Chant liturgique, etc.* Préface, p. 12.

» et avec l'*Église*, par le *Pape* et avec le *Pape*, le Saint-Siége
» ne veuille point se déjuger (1). »

La pensée de Rome n'est donc point de revenir au *Grégorien
pur et prolixe*, mais de s'en tenir au *Grégorien abrégé*, comme
le voulaient nos anciens synodes provinciaux agissant sous
l'influence et dans l'esprit du dernier Concile œcuménique.

Nous n'insisterons pas davantage; mais, à ceux qui seraient
encore tentés de soutenir la thèse impossible de l'*Essai*, nous
redirons : « *Laissez là le plain-chant du* vii* *siècle, le plain-*
» *chant exhumé; ne vous attachez qu'au plain-chant de nos*
» *jours,* LE SEUL QUI NE SOIT PAS UN RÊVE (2). » De grâce,
» n'allez pas confondre saint Grégoire avec l'Église tout en-
» tière, l'Église de tous les temps et de tous les lieux.

« Reconnaissez que saint Grégoire a paré aux nécessités de
» son époque, comme l'ont fait, et avec le même droit, d'au-
» tres Pontifes en d'autres temps, pour les matières de disci-
» pline ecclésiastique ;

» Reconnaissez que, particulièrement depuis le Concile de
» Trente, le chant romain s'est dégagé *partout*, plus ou moins,
» de certaines longueurs et de certaines imperfections qui se
» faisaient remarquer dans l'œuvre primitive de saint Gré-
» goire ;

» Reconnaissez l'évidence de la nécessité des modifications
» elles-mêmes apportées dans le *tissu prolixe* du chant dit
» *Grégorien;*

» Reconnaissez que cette opération s'est faite et n'a pu être
» faite qu'avec le consentement des Souverains Pontifes, des
» Évêques et des Synodes;

» Reconnaissez enfin une tradition de trois cents ans, enra-
» cinant la réforme dans les masses ; et, dans cette question si
» grave au double point de vue de l'art et de la pratique, il
» n'y aura plus pour vous de méprise possible. Non certes !
» mais, avec nous, vous avouerez sans peine qu'en pré-

____

(1) *Réponse à M. l'abbé Cloet*, pp. 11 et 12.
(2) Lud. Vitet, *Journal des Savants*, février 1854.

» sence de la sanction de l'Église universelle, et JUSQU'A DÉ-
» CISION CONTRAIRE ET FORMELLE DE ROME , nul ne peut trou-
» ver mauvais qu'on s'en tienne au chant romain, en usage
» dans chaque pays, depuis le Concile de Trente. »

CHAPITRE III.

CONCLUSION.

Notre tâche est terminée, et nous croyons avoir réduit à leur juste valeur les théories exposées dans l'*Essai* sur le Chant Grégorien.

Mais là encore n'est pas la question capitale pour l'avenir du chant liturgique; nous ne nous lasserons pas de le redire en transcrivant les judicieuses paroles du T. R. P. abbé de Solesmes : « L'exécution mélodique du chant Grégorien lui » est tellement nécessaire, que, fussions-nous en possession » du propre Antiphonaire qui servait à saint Grégoire, » un tel avantage serait rendu nul, si l'on devait enten- » dre les admirables morceaux dont il se compose, chantés » sans égard au rhythme et à l'expression : mieux vau- » drait cent fois la plus fautive et la plus incorrecte de nos » éditions, exécutée d'après les règles que l'antiquité con- » naissait et pratiquait. » Qu'on ne s'y trompe pas : il n'est aujourd'hui que « deux conditions d'une réforme pra- » tique, d'une rénovation vraiment utile de la liturgie musi- » cale : *épargner aux assistants de fastidieuses longueurs*, » *aplanir pour les chanteurs les difficultés d'exécution* (1) »; et ce problème est complétement et heureusement résolu par nos éditions de livres de chant romain adapté aux besoins des temps modernes, éditions dans lesquelles ont été mises en relief toutes les améliorations pratiques et typographiques recon- nues légitimes, sans cependant toucher au fond, qui n'est

(1) Ludov. Vitet, *Journal des Savants*, 1854, p. 341.

autre que le chant Grégorien abrégé et en usage dans l'Église d'Occident depuis le saint Concile de Trente.

Nous n'ajouterons plus qu'un mot avec la *Semaine catholique* : « *Prenez et lisez !* la vérité se fera bien jour toute » seule » Notre vœu le plus ardent, c'est de voir le vénérable chant liturgique apprécié et aimé de tous comme il le mérite ; le but constant de nos faibles efforts, c'est d'aider de toutes nos forces à sa propagation. Nous avons combattu quelques-unes des idées exposées dans l'*Essai*, parce que nous avons la conviction intime que si un jour de semblables théories venaient à prévaloir dans une sphère plus étendue, elles consommeraient la ruine du chant ecclésiastique. Ce que nous croyons être la vérité, pourquoi le tairions-nous à des hommes qui n'ont d'autre désir que le bien de l'Église, d'autre mobile que leur foi, d'autre zèle que celui de la gloire de Dieu !

APPENDICE.

Si le livre dont nous nous occupons était une *méthode* trai-
tant *ex professo* du *chant à plusieurs parties*, de l'*accompagnement du plain-chant*, nous aurions gardé le silence sur
cette question, chacun étant libre d'envisager tel ou tel sujet
à son point de vue personnel. Mais dès que l'auteur croit ou
veut nous donner dans son ouvrage *la doctrine de la tradition*,
ne devons-nous pas à la vérité de signaler quelques observations à **M.** le supérieur sur le chapitre qui se rapporte au
« Chant à plusieurs parties (pp. 306-312)? »

Nous ne dirons rien de la *diaphonie* et du *déchant* ; c'est
un point d'archéologie harmonique qui a été épuisé dans la
Revue de Musique ancienne et moderne (1856).

Nous ne dirons rien non plus du *hoquet,* partie de l'ancienne
science harmonique de l'Europe, qui a donné naissance à l'une
des grandes ressources de l'art moderne, et qui, employé
habilement, ne constituera jamais les éléments fondamentaux
d'une composition musicale *tout entière ,* et moins encore de
l'accompagnement du plain-chant, mais fournira toujours
quelques ressources très-précieuses à l'art moderne.

Nous ne parlerons pas davantage du *chant sur le livre,* art
qui est perdu depuis qu'on ne sait même plus lire une partie
harmonique écrite et bien lisible.

Nous passerons au chapitre de l'*Essai*, intitulé : *Accompagnement du plain-chant* (pp. 331 et suiv.).

Où **M.** le supérieur a-t-il vu que, dans cet accompagnement, les intervalles (*mélodiques*) de *sixte mineure* et d'*octave juste* sont *souvent tolérés* (pp. 334-335)?

L'intervalle d'octave, oui, parce qu'il est regardé comme
l'unisson ; celui de sixte mineure, non, et l'auteur est même

ici en contradiction avec la règle générale qu'il donne au bas de la page 334.

Le mouvement contraire est le plus riche, dit-il page 336 ; mais, ajoute l'auteur, *il faut en user avec modération*. Alors, que devient la règle de Philippe de Vitry, des contrapuntistes des xivᵉ et xvᵉ siècles, des harmonistes modernes ? « Modo di- » cendum est quomodo et qualiter istæ species supradictæ or- » dinari debeant in contrapuncto, id est nota contra notam, » prænotando quod, *quando cantus ascendit, discantus debet* » *e converso descendere ; quando vero cantus descendit, dis-* » *cantus debet ascendere*, et *hæc regula generalis* EST SEMPER » OBSERVANDA, nisi per species imperfectas sine aliis rationi- » bus evitetur (1). »

Que veulent dire ces paroles de l'*Essai* : « On sait qu'il n'y » a pas de sensible dans le plain-chant, *si ce n'est dans l'échelle* » *du treizième et du quatorzième modes, ainsi peut-être que* » *dans celle du cinquième et du sixième* (pp 338-339) ?» Est-ce » là l'enseignement des maîtres (2) ?

Où l'auteur a-t-il vu encore que « la tierce doit être doublée » préférablement aux autres consonnances, à raison de son » agréable effet (p. 339) ? » N'est-ce pas, au contraire, la tierce qui ne doit être doublée qu'à défaut de la fondamentale d'abord, et de la quinte ensuite ?

Enfin, que signifie, que peut signifier cette règle qui se

(1) *Ars Contrapuncti* magistri PHIL. DE VITRIACO, *Revue* de Danjou, 4ᵉ année, p. 8).

(2) « Le septième degré prend le nom de *note sensible* lorsque son mouve-
» ment ascendant vers la tonique est déterminé par la quinte mineure (Fétis,
» *Méthode d'harm.*, p. 21.) »

« Cette expression de *note sensible* n'a point de signification dans le plain-
» chant, car il n'y a de *note sensible* que par l'effet de l'attraction d'une disso-
» nance naturelle, et le plain-chant ne module pas... La *note sensible* appartient
» donc exclusivement au système de la tonalité moderne (D'Ortigue, *Dict. de*
» *Pl.-Ch.*, col. 1344). »

« La *note sensible a une résolution fixe* (J. Hommey, *Guide de l'enseigne-*
» *ment de l'harm.*, p. 8). »

« Dans le plain-chant, *il n'y a pas de sensible*, parce qu'aucune note n'a de
» tendance nécessaire vers une autre (*Revue* de Danjou, 4ᵉ année, p. 9). »

trouve à la page 342 : « La relation qui lie chaque authen-
» tique à son plagal, demande que *l'accord de la dominante*
» du mode correspondant au mode donné *soit assez fréquem-*
» *ment employé ?* »

Nous ne voulons pas prolonger plus longtemps nos observations critiques sur une matière délicate et qui exige des
études spéciales et pratiques. L'auteur de l'*Essai* s'est occupé
longuement, sérieusement d'études sur le chant Grégorien,
mais il ne nous en voudra pas assurément si nous lui disons
avec respect qu'ici encore de nouvelles recherches pourront
modifier quelque peu ses premières idées. Sur cette partie de
l'art, comme sur plusieurs autres qui tiennent plus spécialement à l'archéologie, à l'histoire, à la théorie du plain-chant,
il a commis, nous semble-t-il, des inexactitudes qu'il était bon
de relever. Nous l'avons fait sans passion, sans aigreur,
sans animosité. Sa personne nous est chère ; ses erreurs peuvent être dangereuses : *Amicus Plato, sed magis amica veritas.*

C'est toute notre excuse... Nous sommes persuadé d'avance
que l'auteur de l'*Essai* ne nous en demandera pas d'autre.

TABLE.

9 782019 970048